贛文化通典

——詩詞卷　第一冊

序

周文斌

　　煌煌鴻制的《贛文化通典》即將付梓刊行，鄭克強教授主其事，並囑我作文以序之。這部大書，由數十位南昌大學的同仁參與編撰，是教育部「211」重點項目「贛學」的標誌性成果。由此我想起了孔憲鐸教授在《我的科大十年》中所說：「現代研究型的大學，多有三個功能：教學、研究和服務社會。為此科大要求所有的教員既要是教學的良好的教師，又要是研究的優秀學者，也要是對香港乃至中國南部的經濟和社會發展有貢獻的好公民。三者合而為一，缺一不成。」[1]南昌大學作為江西省最重要的高等教育機構，在江西省無疑是一個高層次人才聚集的淵藪。我們的教師隊伍，同樣既要做教學的良師，又要做研究的優秀學者，同時也要做對江西省及周邊地區經濟和社會發展有貢獻的好公民。

1　孔憲鐸：《我的科大十年》，北京大學出版社 2004 年版，第 1 頁。

在世界範圍內，所有優秀的公立大學都將公共服務作為重要的辦學宗旨，比如美國最好的公立大學——加州大學伯克利分校就明確提出辦學宗旨為「教學、研究和公共服務」[2]，注重在公共服務中樹立良好形象，加強大學與社會的全面聯繫，尤其注重為加州的經濟發展和社會進步服務。這部《贛文化通典》可以視為南昌大學的同仁為總結發掘江西古老而豐富的文化遺產所做的一點實績。在邵鴻教授的序文中，就贛學和贛文化情況進行了精彩的闡述，在此本人毋庸贅言。我想借此機會著重談兩方面的問題：一是談談南昌大學的歷史使命；二是就現代教育理念，談談學科建設與公共服務的關係。

有人說贛文化是中國文化隱性的核心和支柱，善隱厚重，堅韌質樸。當我們用歷史的眼光感受深沉的江西文化，不能不正視推動獨具特色的贛文化精神形成的一支重要力量，那就是在中國教育史和思想史上赫赫有名的江西書院。書院產生於唐代，源於私人治學的書齋與官府整理典籍的衙門[3]，後來成為藏書、教學與研究相結合的中國古代特有的高等教育機構和文化學術思想交流的中心。書院既是一個教育機構，又是一個學術研究機構，中國歷代文人在書院這一相對獨立自由的環境裡，碰撞智慧，傳承思想，同時完成了古代中國文化教育和人才培養的歷史使命。江西自古重教崇文，素有「文章節義之邦」的美譽，這在某種程度

2　http://www.berkeley.edu/about/[EB/OL].

3　鄧洪波：《中國書院史》，東方出版中心 2004 年版，第 49 頁。

上得益於江西曾有中國古代最為發達的書院文化。自宋代至明代，江西能夠成為中國的一個文化重地，與書院講學之風大興不無關係。江西書院「肇於唐，盛於宋」，跨越千年。從唐代「開元盛世」開始，江西就有了中國歷史上最早的書院之一，此後江西書院代有增置，據考證，有學者認為江西古代書院足有千餘所之多，鼎盛時期求學人數達數千人。清代學者李漁曾在《興魯書院記》中說：「江西名書院甲於天下」，聞名全國的書院就有白鹿洞、豫章、濂溪、白鷺洲、象山、鵝湖、懷玉、東湖書院等，不勝枚舉。江西書院數量之多，規模之大，教育質量之高，社會影響之大，在我國古代書院一千多年的歷史中獨領風騷。從教育者的眼光來看，眾多的江西書院中值得一提的是位於江西廬山五老峰南麓、被譽為「天下書院之首」的白鹿洞書院。南宋理學家朱熹重修白鹿洞書院，自兼洞主之後，為書院建立了嚴格的規章制度。朱熹以理學教育家的觀點，在總結前人辦學所訂規制的基礎上，制訂了《白鹿洞書院揭示》，即「父子有親，君臣有義，夫婦有別，長幼有序，朋友有信……博學之、審問之、慎思之、明辨之、篤行之……」提出了書院教育的指導思想、目標、教育內容、教育方法等，是中國古代書院學規的典範，隨即為江西和全國各地眾多書院所借鑑或採用，是中國教育史上最早的教育規章制度之一，並被後代學者認為是中國古代書院制度化、規範化的重要標誌。以書院學規為總的教育方針，朱熹在白鹿洞書院開展了多種形式的教學活動，包括「升堂講學」、「互相切磋」、「質疑問難」、「展禮」等，書院師生於相互問難辯詰之中，優游山石林泉之間，促進學術，傳承文化。

　　歲月流逝，一百多年以前，近代中國在探索強國振興的道路上選擇了完全移植西方的大學制度。在晚清學制改革的大潮中，為了急於擺脫「無裨實用」的傳統教育制度，清政府採取了取消書院，以便集中人力財力，發展新教育的「興學至速之法」，不無遺憾地拋棄了中國傳統的書院文化。幸而跨入新世紀的今天，書院文化又一次進入中國學人的研究視野，並日益受到各方重視。正如清華大學老校長梅貽琦先生所言：「今日中國之大學教育，溯其源流，實自西洋移植而來，顧制度為一事，而精神又為一事。就制度言，中國教育史中固不見有形式相似之組織，就精神言，則文明人類之經驗大致相同，而事有可通者。」[4] 在完善現代意義上的中國大學制度方面，傳統的學院精神應有其獨特的位置和作用。

　　南昌鍾靈毓秀，是贛都文明重要的發源地。兩千多年以來，南昌一直都是贛文化的中心，來自江西各地的才子們匯聚南昌，走向全國，成就了兩宋以來光輝燦爛的江西文化。身處其中，南昌大學應該繼承江西書院文化的優良傳統，自覺肩負起傳承、繁榮、發揚贛文化的歷史使命。

　　如果說歷史悠久、博大厚重的傳統書院文化為南昌大學的發展進步提供了豐富的精神食糧，那麼，立足二十一世紀的南昌大學還必須擁有以現代教育理念改造自身、積聚力量，並為中國現代化進程貢獻片瓦，為社會進步提供智識支持和人才支持的決心

4　梅貽琦：《大學一解》，《清華學報》第 13 卷第 1 期，1941 年 4 月。

和勇氣。

　　南昌大學是一個學科齊全的綜合性大學，對於這類大學，著名的教育家克拉克・科爾（Clark.kerr）定義為「多功能大學」（multi-versity），與先前人們熟知的單一功能大學（Uni-versity）相區別。這類大學的功能有三項：首先，大學生產知識，培養有創造性的人才，提供專業和基礎訓練，從事社會服務是其基本職責。其次，大學還與知識消費相關：包括創造通識教育機會，創造和維持一個充滿活力和興趣的校園。提供社會關愛，如醫療、諮詢和指導。第三，與公民教育相關，促進社會進步和公正是教育的責任[5]。在一個全省人口總數達四四〇〇餘萬的區域裡，作為江西省唯一的一所江西省人民政府和教育部共建的國家「211工程」重點建設大學，南昌大學有責任，也有能力為全省及周邊區域提供優良的高等教育資源，使有志青年得到富有競爭力和創造力的教育，從而成為國家建設的有用人才。

　　學科建設是高等學校的一項基礎性、全局性、戰略性的系統工程，是學校建設的核心內容。創建綜合性大學，必須正確處理學科建設中「基礎學科」與「應用學科」的關係，立足於培養高素質的複合型人才的需要，合理選擇和規劃學科的發展。科學發展和協調發展是南昌大學在培養人才方面的優勢，我們一方面要使學生學好專業知識，還要發揮綜合性大學門類齊全、學科交叉

5　轉引自馬萬華《從伯克利和北大清華》，教育科學出版社 2004 年版，第 16 頁。

的優勢，通過文理工醫等多學科的整合教育、通識教育，充實學生的文化底蘊，提高學生的綜合素養，將專業教育與學生的人格塑造、個性培養、世界觀、價值觀完善的結合起來，體現知識、能力與人格間的和諧統一，促進學生的全面發展。

作為一所輻射全省的地方性高等院校，南昌大學還應該積極利用地方資源進行學科建設，打造富有地方特色的優勢學科，從而更好地為區域經濟發展和文化建設服務。從當前高等教育發展的潮流看，大學為地方服務已成為共識與發展趨勢。「現在需要用一種新的觀點來看待高等教育，這種觀點要求把大學教育的普遍性與更多適切的必要性結合起來，以對社會對其功能發揮的期望作出回應，這一觀點不僅強調學術自由和學校自治的原則，而且同時強調了高等教育必須對社會負起責任。」[6]以科學發展的眼光來看，大學不僅是進行知識傳授和科學研究的中心，更是參與社會變革乃至於引導社會進步的重要因素。地方性院校只有更加關注地方的現實發展，以提供公共服務的姿態積極參與地方區域建設，才能更好地實現自身價值，謀得更為廣闊的發展空間。

「所謂大學者，非謂有大樓之謂也，有大師之謂也。」借此機會，我祝願未來的南昌大學大師雲集、學術豐厚；希望昌大人不僅勤於個人「檢束身心，砥礪品性」，且懷一顆拳拳報國之心，以自己的專業所長，服務社會，造福人民。謹為序。

　6　聯合國教科文組織：《國際發展戰略（1991）》。

說贛

代序

邵鴻

　　南昌大學鄭克強教授主編的《贛文化通典》即將出版。這部大書，是我期盼已久、很有意義的一項工作。自一九九四年江西出現贛文化研究熱潮以來，江西歷史和文化研究成績可觀，《贛文化通典》是又一新的重要成就，可喜可賀！克強索序於我，盛意不能不有所應命。近年我寫過好些綜論贛文化的文字，特別是在《江西通史》導論中有較系統的闡述，似乎沒有重複的必要。然而講贛文化，不能不從「贛」字說起，恰恰在這個基本點上，其實還有工作要做。因此，我想借此機會從辭源學的角度，把對「贛」字的兩點認識寫出來，命曰「說贛」，權充序言，為《贛文化通典》做一個開篇鋪墊並向大家請教。

　　第一個問題，關於贛字的起源和演變。

　　因為資料限制，這一問題曾難以解答。

　　在傳世文獻中，「贛」最早出現於春秋戰國時期。如孔門高足端木賜，字子貢，貢在古籍裡常寫成贛或貢，贛有賜予之意，名字正相配合。贛也常用作通假字，借為愚戇、戇直之戇。成書

於戰國的《山海經‧海內東經》:「贛水出聶都東山。」郭璞注:「今贛水出南康南野縣西北,音感。」同書《海內經》:「南方有贛巨人,人面長唇,黑身有毛,反踵,見人笑亦笑,唇蔽其面,因即逃也。」這兩條記載不僅是先秦古籍中「贛」字的實例,而且公認是與上古江西地區有關的史料。從此,贛就和江西有了不解之緣。

但在東漢許慎的《說文解字》裡,卻沒有贛字。與之相當的,是字,該書卷六:「贛,賜也。從貝,竷省聲。𥂁,籀文。」清段玉裁注云:「贛之古義古音,皆與貢不同。」因為依據有限,段說並未得到廣泛認同。

近幾十年來,先秦秦漢時期的簡牘、帛書、璽印、銘刻等考古材料大量出現,古文字學界對贛字的認識有了決定性突破。從李家浩先生獨具慧眼破解「上贛君之謻璽」開始[1],人們逐漸認識到,戰國時期贛字有歁、歀、贛、贛、竷等形體,基本構造是從章、從欠、從貝,欠亦為聲符。我們今天熟悉的贛字,實際上是「贛」、「贛」等形的訛變和俗體字[2]。後來贛一直有兩種讀音,一讀干,一讀貢[3]在此基礎上陳劍先生又發現,早在西周金

---

1 李家浩:《楚國官印考釋》,《江漢考古》1984 年第 4 期。

2 參何琳儀《戰國古文字典 戰國文字聲系》下冊,第 1453-1455 頁;黃德寬《古文字譜系疏證》第四冊,第 4041-4043 頁;滕壬生《楚系簡帛文字編》增訂本,第 517 頁;李運富《楚國簡帛文字構形系統研究》,第 129-130 頁。

3 如《集韻》贛江之贛讀為古暗切,贛賜之贛讀為古洞切。,應與此有關。

文中已有贛字，作 ![字形] 、 ![字形] 等形，是一個會意字，像人以雙手賜予玉璋，意為賞賜。後來右邊的 ![字形] 演變為欠，遂形成了贛字的早期形體「歁」[4]。陳說得到古文字學界較普遍的認可，可以信據。由此可知，上古贛字字形、字音確不從貢，許慎錄「贛」而非「贛」表現了大師的精審，但也有小誤，段玉裁的有關見解則實屬卓識。

　　近期我對古文字材料中的贛字做了進一步考察，得出的認識是：戰國及秦代相關諸字出現較多（特別是在數量頗豐的楚、秦系簡帛文獻中），而「贛」字則尚未見[5]。從已知材料看，「贛」字最早出現在西漢初年馬王堆漢墓帛書《春秋事語》中，用於子貢之名。可能抄寫於西漢前期的定州漢簡《論語》，子貢也有寫作「子贛」或「子 ![字形] 」（當為贛的異體）的[6]。東漢碑銘中亦有實例，如《譙敏碑》及熹平石經《論語》[7]。但漢代古文字資料中「贛」字實例相對很少，馬王堆帛書裡贛字多作「![字形]」、「![字形]」、「![字形]」等形，但「贛」僅上舉一例；《漢印文字匯》共收

4 陳劍：《釋西周金文的「（贛）」字》，《北京大學古文獻研究所集刊》（一），北京燕山出版社 1999 年版。

5 雲夢睡虎地秦簡《日書》中有一「![字形]」字，可能為「贛」字的或體，待證。另新出湖南龍山裡耶秦簡中數見「![字形]」字，也很值得注意。

6 河北省文物考古研究所定州漢墓整理小組：《定州漢墓竹簡〈論語〉》（文物出版社 1997 年版）。需要說明的是，該整理小組將簡本中十餘例子貢、子贛全部隸定為「子」、「子贛」，但據公布的部分摹本，實際多數也作 ![字形] 、 ![字形] 之形，只有個別從貢。

7 據《隸釋》卷十四《石經〈論語〉殘碑》，「子贛」、「子 ![字形] 」各三見。

入三十九個贛字，只有二個從貢，一作「贑」，一作「贑」；在諸多漢簡及湖南長沙走馬樓三國簡資料中，贛也絕大部分從貝而不從貢。總的來說，西漢以來伴隨著隸書的發展，「贛」字出現漸多，但更流行的寫法仍然是從貝的「贛」、「贑」、「贑」等形。此外，「贑」雖已出現，但極少見（目前僅見一例，應為東漢之印）。

到魏晉時期，「贛」可能已成為普通寫法，「贑」字也流行起來。曾經引起「蘭亭序」真偽之爭的東晉贛令王興之、王閩之父子兩墓誌三見「贑」字**⁸**，這是六朝使用「贑」字以及已知最早將江西贛縣寫作「贑」的實例。此後，除了少數學者（如唐代開成石經《五經文字》和宋代《廣韻》的作者等），一般人已是只知有「贛」，不知其始了。

了解贛的本字和演變，不僅是解說贛文化的第一步，而且也有其他意義。比如由此可以更好地利用新出考古和古文字資料研究江西上古史，又比如我們可以知道，今天所見先秦兩漢乃至更晚古籍中的「贛」或「贑」字，其實是後來抄刻而成，並非本來面目。因而，自劉宋劉澄之以來聚訟一千數百年的「章、貢成贛（水）」之說的確是不能成立的**⁹**，反而是北宋歐陽忞《輿地廣記》先有贛水、後有章、貢的說法更值得重視。

8　南京市文物保管委員會：《南京象山東晉興之夫婦墓發掘報告》，《文物》1965 年第 6 期；南京市文物保管委員會：《南京象山 5 號、6號、7 號墓清理簡報》，《文物》1972 年第 11 期。

9　劉說見《水經注》卷三十九引。

第二個問題，以贛為江西簡稱始於何時？

江西稱贛，無疑因為縱貫全境的贛江之故。贛水至晚戰國已經得名，然而以「贛」代稱江西從什麼時候開始？這一問題向少討論，近來翻檢史料，發現這其實是很晚近的事情。

西漢初年，在今章、貢二水匯流處設贛縣，屬豫章郡。此後贛縣歸屬屢有變更，隋唐以來屬虔州，為州治。在很長時間裡，凡言贛、贛人，均指贛縣而言。如唐代著名書法家鍾紹京，《資治通鑑》卷二〇九說他是「灨（贛）人」，新舊《唐書》本傳則說是「虔州贛人」[10]。又如蘇東坡謫貶北歸期間，與友人書信屢言「度嶺過贛」、「候水過贛」、「已到贛上」，又有名詩《八月七日初入贛，過惶恐灘》，「贛」也都是指贛縣和虔州州治之地。

宋高宗紹興二十三年（1153），以虔為虎頭不祥，改虔州為贛州。此後，「贛」更多的時候是指贛州（府）全境。試舉數例：

> 江西（風水）之法，肇於贛楊筠松、曾文辿。及賴大有、謝世南輩，尤精其學。（《王忠文集》卷二十，《叢錄》）
> 紹熙癸丑之秋，贛境大水，至浸於（信豐）縣鼓樓兩樽之間。（《夷堅志丙》卷一）

---

10 類似的例子如《九江記》（《太平御覽》卷四二五引）：「王植新，贛人也」；《資治通鑑》卷二六七：「（廖）爽，贛人也」；同書卷二七六：「匡齊，贛人也」，其實說的都是「虔州贛人」。

　　　　江西山皆至五嶺、贛上來，自南而北，故皆逆。(《朱
　　　　子語類》卷二)

　　明正德十一年（1516），朝廷設「巡撫南贛汀韶等處地方提
督軍務」，嘉靖四十五年（1566）定為南贛巡撫，下轄南安、贛
州、韶州、南雄、汀州等府。清初延續，至康熙四年（1665）正
式撤消。這一時期並延及清代中後期，「贛」一般仍指贛州府
境，但範圍有擴大的趨勢。 贛州與原從虔州分出、清代又同屬
嶺北道（後改贛南道）的南安，在稱謂上逐漸接近，「南贛」、
「贛南」成為習語。因此，有時就有以贛代指南、贛情形出現。
如《明儒言行錄》卷八：「贛人性矯野，（王守仁）為立十家牌
法，作業出入有紀，又行鄉約，設社學，教郡邑子弟歌詩習
禮……嶺北風俗，為之丕變。」既云「嶺北」，顯然是指南、贛
二府之地。又明《李友華墓誌》：「（萬曆中）巡撫南贛……在贛
十四年，威惠甚著」；《盛京通志》卷七十七《胡有升》：「（順
治五年）以總兵出守南贛……六年致仕，贛人思其德。」這裡單
言的「贛」，則是包括南贛巡撫轄區而言了。

　　儘管內涵逐步擴大，但直至清後期，「贛」一直只是局促於
江西南部一隅，並未成為全省概稱。歷史上，江西的概稱有豫
章、江西、江右、西江等，元明時期隨著江西行省的設立，也稱
江、江省，「江」成為江西簡稱[11]。清代朝廷詔奏及官方文書中

11　如元人虞集《貢院題名記》：「夫江省，所統郡二十，多以文物稱」；

大量使用「江省」、「江境」、「江撫」、「江、閩」、「江、粵」等語，

曾任江西巡撫的蔡士英有《撫江集》一書，

說明清代仍然通行。

但「江」作為省稱，易與江蘇和黑龍江相混（清代兩省也可稱「江」或「江省」），因而最終未能持久通行，「贛」逐漸取代「江」成為江西簡稱。現在可斷言的是：清末江西稱贛已經普遍流行。檢《近代期刊篇目匯錄》**12**，最早有光緒二十三年（1897）十月初五日上海《集成報》轉載《申報》「贛省西學」報導，光緒二十七年（1901）有「贛撫被參」、「贛撫李議復新整事宜折」、「贛試不停」、「贛出教案」等報導，從此到光緒三十四年（1908），江西、北京、上海、南京、廣州、重慶、武昌、廈門、山東等地多種報刊關於「贛」省的報導多達六十條，其後宣統時期短短三年亦近六十條。複檢《清實錄》，咸豐、同治時期官方詔奏中「贛」仍然專指贛州或南贛，「江」則依舊為江西簡稱，至光緒二十九年（1903）「贛省」出現，以後不斷增多，迄光緒末共計六處；《宣統政紀》涉及「贛」省之文激增，多達二十處。承廖聲豐博士協助檢索第一歷史檔案館所藏清宮中檔和

明歐陽鐸《黃鄉保築城碑》：「贛，江省邊邑也」；李振裕《與吉水王明府書》：「江省理學，海內所推」（以上引文均見同治《江西通志》的《藝文志》，該志類似例子很多，不俱引）。又清計六奇《明季北略》卷二十一《李邦華》：「今異增兵以扼險，江撫駐九江，贛撫駐吉安，以壯虎豹當關之勢。」可見當時「江」、「贛」之別是明顯的。

12 南昌大學歷史系內部資料本，2005 年。

軍機檔，情況和《實錄》相似。自光緒三十一年（1905）護理江西巡撫周浩就釐定江西營制章程上奏折中首見「贛省」，此後亦逐漸增多。其他例子還有很多，如光緒三十年（1904）出版的《江西官報》已見「贛省」字樣[13]；光緒三十一年（1905）浙江發生「浙贛鐵路交涉」風波[14]；光緒三十三年（1907）江西鑄造發行贛字款銅元； 三十四年（1908）七月，留日江西留學生創辦《江西》雜誌，萍鄉湯增璧作《警告全贛書》、《比較贛人與江浙人之對路事》、《贛事拾遺》等文[15]；同年江西洋務局汪鐘霖《贛中寸牘》印行，等等。這些例證均可證明，光緒末年「贛」稱已極普遍，而且民間較公文使用要更早一些。不過應指出的是，清末江西「江」的概稱並沒有立即被完全取代，而是與「贛」並用，入民國後才逐漸消失。

不言而喻，「贛」稱的流行一定不始於光緒末年，而應有一個發展過程。但究竟早到何時，則還需要研究。《清史稿》有以下三條有關記載：

《列傳》一五八《牛鑑傳》：

「（道光二十二年〔1842〕耆英等）合疏以保全民命為請，

13　《江西官報》當年第十四期載黃大壎、陳三立等人關於創辦機器造紙公司的呈文，其中言及：「竊贛省土紙，實為大宗，而海關洋紙，日益進步。」

14　浙江同鄉會當年在日本印行《浙贛鐵路事件》一書（國家圖書館古籍部藏），對此有較詳記載。

15　參周年昌《湯增璧先生傳略與研究》，《中國民主革命的先驅——湯增璧》，甘肅人民出版社 2011 年版。

略曰：江寧危急，呼吸可虞，根本一摧，鄰近皖、贛、鄂、湘，皆可航溯。」

《列傳》二百七十七《王東槐傳》：

「（道光三十年〔1850〕奏言）若開礦之舉，臣曾疏陳不便，順天已停，而湘、贛等省試辦，驚擾百姓，利害莫測。」

《列傳》二百十《王拯傳》：

「（同治三年〔1864〕疏言）擬請飭贛、皖、楚、粵各疆臣，值此事機至緊，無論如何變通為難，總當殫竭血誠，同心共濟。」

按說有這幾條證據，本可以認為道、同間稱江西為「贛」已漸流行。但鑑於以下幾方面原因，我以為還有可疑。

其一，我翻檢了很多咸同時期的史料，未見江西稱「贛」確證；儘管說有易，說無難，特別是我的閱讀面相對於浩如煙海的同期史料當然還是太少，但問題是《實錄》和檔案材料也是如此，這就不能不慎重了。

其二，我一度認為是同治年間江西稱「贛」鐵證的趙之謙文獻被否定。同治十一年（1872）冬，著名學者和藝術家趙之謙到南昌，協助巡撫劉坤一撰修《江西通志》，光緒十年（1884）逝於江西。其間他在書信中多有談及在「贛」情形，並有《贛省通志》部分手稿存於上海圖書館[16]。但近詢該館有關人士，「贛省

---

16 近年文物拍品中有不少涉「贛」的趙氏手札，如「弟自到贛以來，終日衙參，一差未得，暫居客館，草草勞人」（西冷印社有限公司

通志」四字非撝叔親筆，而是民國收藏者的題識；而當下拍賣會上出現的諸多趙氏涉「贛」書札，權威的趙之謙墨跡集中不見著錄，公認真品的趙氏書札只說「江西」、「江省」、「江右」、「豫章」等，因而疑點甚多。筆者特請教清華大學古代書畫鑑定專家邱才楨博士，他斷然認為這些拍品全為低仿贋品。據此，以往著錄中個別涉「贛」的趙氏書信，也就難為信據了。

其三，《清史稿》成書於民國，編撰者往往用當時語言概括史料，包括詔奏文字。舉一個類似的例子，《德宗實錄》載：光緒二十九年七月護理江西巡撫柯逢時奏：「贛省義寧、新昌二州縣交界地方，有黃岡山，久經封禁。」同年《江西官報》上刊登了奏折原文，詳盡很多，但這一段內容相同，唯「贛省」寫作「江西」。這顯然是宣統年間實錄館臣綜述奏折時做了改動。因而，《清史稿》的上述三條材料，也就值得存疑了。至少，《牛鑑傳》一條明言「略曰」，說明經過作者概括而非原疏文字。

2009 年春拍品，見博寶拍賣網）；「到贛兩年僅以志書一差，月薪不滿四十，一家八口何以支持」（中貿聖佳國際拍賣有限公司 2006 年春拍品，見同上）；「擬於初冬往贛，為稟到候補之急務也。吾哥如有信致贛，可預書就弟便帶去」（北京中漢 2011 年秋拍品，見中國收藏網）；「賀太尊定於正月初十日接首府印，大得蔣公心，到贛總在二月初間，速則正月之杪」（上海鴻海商品拍賣有限公司 2010 年秋拍品，見博寶拍賣網）。又《悲庵手札真跡》上冊亦有一札云：「到省數月，未獲一差，日用應酬，支持不易。贛地之柴米，較吾浙價賤，惟房租甚貴」（民國十四年碧梧山莊石印本）。《贛省通志》稿本見《上海圖書館地方志目錄》，1979 年自印本，第 289 頁；《上海圖書館藏明清名家手稿》，上海古籍出版社 2006 年版，第 74 頁。

因此，江西簡稱為「贛」的約定俗成，可能還是光緒朝即十九世紀七十年代以來的事情。我推測清末民初「贛」逐漸替代「江」成為江西簡稱的原因，應與電報的應用有關。因為費用的昂貴使電報文字大量使用簡稱，並且要求精確規範，不易誤解。鑑於電報在中國的流行正是一八七〇年代以後的事情，這一推測不為無據。我很希望，有更深入的研究可以證明或證誤我的觀點。但顯然，相比於許多省份，如蜀、粵、閩、晉、豫、皖、滇、黔、浙、陝等簡稱的確定均不晚於明代，江西稱贛是很晚的事情，距離現在僅百餘年。由此，「贛」也走完了它從小到大的歷史道路。

　　搞清贛作為江西簡稱的時間也是有意義的，至少讀古籍時可避免犯錯。比如，我們不能把古籍中絕大部分的「贛」當作江西看待；又如在清代檔案整理擬題或寫文章時，將清初江西稱為贛省、江西巡撫稱為贛撫也屬不夠嚴謹。此外，以贛稱來鑑別書畫文物，則是一種辨偽的有效手段。

　　兩點認識已如上述。以考據文章代替序言，似乎不合常規。但我想，上述心得對贛文化研究應有裨益，故而還是大膽寫出，以供批評。同時我想說，對贛字的考察讓我聯想到：對於絢麗多彩、豐富深厚的江西歷史和文化來說，不僅研究天地極為廣闊，而且可能還有許多實屬基本的問題仍待關注和解決。研究者需要更加腳踏實地，勤奮努力，細緻深入，堅持不懈，才能把研究做到佳境，臻於一流。這是我所熱切期望於南昌大學各位朋友的。

二〇一一年最後一日於京華

目錄

▌第一編　晉唐江西詩歌▐

第二編　宋元江西詩詞（上）

第三編　宋元江西詩詞（下）

▌第四編　明代江西詩詞▌

第一章 | 元末明初江西詩詞

第二章 | 明前期江西詩詞

第五編　清代近代江西詩詞

《毛詩序》云：「詩者，志之所之也，在心為志，發言為詩。」《文心雕龍‧明詩》云：「人稟七情，應物斯感，感物吟志，莫非自然。」詩歌是人類最早的文學樣式，華夏民族詩歌以《詩經》為源頭，三千年源遠流長，浩瀚決漭，成為偉大之詩國。江西詩詞，乃是此詩國的一片長青之林。

尋找歷史蹤跡的灰線草蛇，先秦兩漢，江西，處於中原文化之外的這塊紅土地，似乎沉睡於蠻荒，但生育勞作於此的先民，一定是有詩歌的聲音的，這聲音或沉埋於地底，或消散於歷史的天空。我們大致可以說，江西詩詞濫觴於東漢中葉，惜時間浩遠渺茫，沒有留下任何創作的痕跡。直至晉室南渡，中原文化的浸入，給江西文學帶來甦醒之契機，東晉大詩人陶淵明的出現，在江西詩詞史的天空劃出一道燦爛的弧線，這不僅是江西詩歌創作的初始積累迸發出的耀眼光芒，而且是中國古典詩歌此一時期最突出的表徵，他的偉大人格精神與精湛的詩歌藝術一直為後人所景仰，在此後的一千多年中，成了詩人們取法的典範。

從南唐迄於隋唐，江西仍處於中心文化的邊緣地帶，文學積累比較單薄，與周邊區域文學的發展相較，江西詩詞的生衍仍顯得緩慢，若不是劉眘虛、綦毋潛、王季友、吉中孚、盧肇、鄭谷分別點綴唐代初、盛、中、晚四期之詩詞天空，人們幾乎會遺憾於它的未免沉寂。初唐劉眘虛承繼陶淵明以來的田園山水的清音。盛唐時，綦毋潛風格與劉眘虛相似，「江右詩人惟潛最著」（《贛州府志》），甚至有譽「綦毋潛以詩名唐，其文翰足以黼藻南邦」（《江西通志》一一九卷《藝文》張尚瑗《贛州名宦鄉賢祠議》）。鄱陽人吉中孚，躋身中唐的「大歷十才子」之列。宜春人鄭谷，風格脫俗，清遠悲涼，頗饒思致，「固亦晚唐之巨擘也」（《四庫提要》）。從文獻記載來看，江西詩人入選《全唐詩》總數位列中等，具有一定的實力。元代辛長房輯撰的《唐才子傳》，收錄江西籍詩人劉眘虛等十八人。殷璠的《河岳英靈集》是唐人選唐詩，收錄天寶年間著名詩人二十四家，江西詩人就占三人，比例也不可謂低。況且自唐開國後，一大批著名文學家如李百藥、王勃、錢起、張九齡、孟浩然、張繼、劉長卿、李白、白居易、顏真卿、韓愈、李德裕等，都先後仕宦或游歷於江西，在江西寫下了許多優秀的作品。他們在江西的政治與文學活動，有力地促進了江西詩歌的發展，影響了本土的文學新人。可知唐代是江西詩歌的發展初期，並非無可稱述，在與中心文化的融會過程中經歷了艱難而有成效的跋涉。值得注意的是，中晚唐時期，先後形成了三個具有一定規模的作家群體，即贛北詩人群、贛東北詩人群與贛西詩人群，這既使江西詩歌創作在分布上所表現的地域性、特點進一步加強，顯示了江西詩人的才華與風采，

同時，江西詩人的家族性、群體性特徵也已初露端倪。

　　兩宋時期是贛文化最為輝煌的時期，江西詩詞也大規模地發展與崛起，進入鼎盛階段。在宋代三百多年的歷史中，江西文壇堪稱人才濟濟，名家輩出，異彩紛呈，光華四溢。據有關資料統計，活躍在兩宋文壇並有作品傳世的江西籍作家便有二五〇多人；一部《全宋詞》，收入詞作者一三九七人，其中江西詞人便有一七四人，占百分之十二點四六，僅次於浙江，居全國第二位。在這眾多的江西作家中，更有不少是全國著名的文壇旗手和大師，如晏殊、晏幾道、歐陽修、曾鞏、王安石、黃庭堅、洪邁、楊萬里、姜夔、劉辰翁、文天祥等等。江西作家群的凸現，為兩宋文壇構築了一道獨特而燦爛的風景線。南宋紹興十年（1140），黃次山在《重刻臨川文集敘》中就曾說：「藝祖神武定天下，列聖右文而守之，江西士大夫多秀而文，挾所長與時而奮。」

　　兩宋的江西詩作可謂才人層出，崛起特異。從精深博雅、穩健秀逸的王安石、王安國、王安禮兄弟到瘦硬奇橫、曠放超逸的黃庶、黃庭堅父子一門，家學淵博而別出機杼，南豐七曾、撫州二謝、新余二劉、臨江三孔等羽翼其間，在蔚為大觀的歷代江西家族詩中力樹高標，各放異彩。王安石以文字、才學、議論為詩，獨彰宋詩特色，暮年又為清巧小詩，更是精工婉轉，含蓄雋永。黃庭堅主盟江西詩派，奇崛瘦硬，力擯輕俗，開一代風氣，脫胎換骨，點鐵成金，創新和承襲並舉，不僅達到了江西詩歌的巔峰，其輻射更超出地域與時代，對兩宋及後世詩壇產生了深遠的影響。此外歐陽修詩的暢達委婉、平淡超拔，楊萬里詩的簡易通俗、幽默活潑，都在文學史上留下了屬於自己的濃墨重彩。兩

宋詩壇還有一個引人注目的現象是悲歌慷慨、情感激切的愛國詩歌，如同薪火相傳，每在國家危亡之時，詩人以血淚和生命制成的如椽大筆記錄下的救亡扶傾、風雲板蕩，都成了這個時代最能直攝人心的詩史。汪藻筆下所抒寫的山河破碎、中原淪喪的滿膺悲痛，胡銓筆下不畏權勢、決不和以秦檜為代表的投降派同流合污的抵死鬥志，文天祥的隻手補天為國捐軀的孤忠大節，與三光同耀、天壤同久的浩然正氣，世世代代都感動和鼓舞著每一個讀者，成為中華民族最寶貴的精神財富之一。

宋代是詞這種文學樣式大行其道的時代，一方面是在韻律意境中仔細耕耘的婉約詞，另一方面則是風力獨行、勁健超邁的豪放詞。北宋時期的江西詞壇出現了如筆致清新、詞風深婉的晏殊、晏幾道父子，或記富貴淡雅的太平景象，或寫忠純真摯的痴情，承花間一脈，用心經營，以精巧而新麗的小令，成為「北宋倚聲家初祖」（馮煦《蒿庵論詞》評晏殊語），而「千古不能有二」（譚獻《復堂詞話》評晏幾道語）。又有題材多樣、自化風格的歐陽修、王安石。歐陽修一方面以豔詞情筆取勝，另一方面則將人生閱歷盡融詞中，塵海宦波，懷古感舊，擴大了詞的題材內容和抒情功能。王安石詞作雖然不多，卻精麗絕俗，氣象高遠，一闋《桂枝香‧金陵懷古》興亡詠嘆，獨冠今古，在大家疊湧的北宋詞壇上占有一席之地。

南宋的江西詞作也可一分為二而論。一是受辛棄疾影響的愛國詞派，一是以姜夔為代表的格律詞派。辛棄疾客居江西二十多年，以其愛國情懷和英雄氣概影響了大批江西詞人，形成了江西愛國詞人群。這些詞人作品，慷慨激昂，處處流露出抗戰到底的

決心與意志以及對奸佞誤國的憤懣，奏響詞壇上的英雄之歌。如辛派健將劉過，詞多壯語，蓋學稼軒，豪肆矯健、想像奇特，其鼓吹抗戰北伐的作品「感時撫事，血淚迸流」，在思想上和藝術上都取得了較高的成就。同時的格律派以姜夔為代表，引詩濟詞，並將詞的音律、創作風格和審美理想納入創新的法度之中，著力表現一種清幽冷雋的意境，將原來並無必然聯繫的清空、騷雅聯成一體，同時又以注重鎚煉、講究瘦硬峭拔的江西詩風入詞，間以剛勁，從而形成一種全新的詞風，在詞壇上產生了巨大影響。同時南宋晚期的鳳林詞派的劉辰翁等人，既繼承了辛派詞人慷慨悲烈、豪宕恢宏的氣度，又延續了格律詞人以精工深摯的方式傳遞內心情緒的手法，而其中又絕大多數為江西籍，抑更不失為宋代江西詞壇的精致結尾。兩宋江西詩詞的作家群體英才傑出而數量眾多，且由唐代的相對集中發展為贛北、贛中、贛東、贛南各地都湧現了大批優秀的詩人，有宋一代，可謂是江西詩詞發展和壯大的黃金時期和激盪人心的高潮時期。

元代的江西詩詞以號稱「元四家」中的虞集、范梈、揭傒斯為代表，其中虞集成就最高。他們的詩作大體以唐人為宗，亦有宋人風格，主要追求詞采的雄麗、語言的工整及音律的協和，較之宋代江西詩詞，已大為消減個性的張揚和縱恣，但屈指元代詩歌的最高成就，不能不以此三家為標的。其中虞集的典雅精切、沉雄老辣，范梈的豪宕清遒、刻峭洗練，揭傒斯的清麗婉轉、別饒風韻，都在追摹前人中有所創新和發展，形成了色彩斐然的「悍而蒼」、「近而肖」和「鮮而麗」（胡應麟《詩藪》）的獨特風格。在三大家之外，其他如劉壎、熊朋來、程鉅夫、吳澄、劉

將孫等，他們的創作手法和藝術成就也在整個元代詩壇上較為引人注目。元代的江西詩詞創作，雖較宋代有所衰落，但亦保持了鮮明的個性，傳承了江西詩詞歷代相因的部分特色。

明代江西詩壇在整體尊唐襲舊的時代風氣下，難以產生有重大影響的詩人，但也自有其可稱道處。明初代表人物為劉崧，受鄉賢虞集、范德機、揭傒斯等影響最深，標榜唐音，直接導致稍晚臺閣體的萌生。其詩「大抵以清和婉約之音，提導後進，迨楊士奇等嗣起，復變為臺閣博大之體」（《四庫全書總目提要》）。臺閣體創始者楊士奇歷任四朝內閣大臣，為太平時期宰相。江西詩壇一貫的平易自然之風正宜於奉敕頌聖、歌詠升平之作。因此錢謙益說：「江西之派，中降而歸東里，步趨臺閣，其流世冗卑而不振。」臺閣體雖多應制、應酬之作，但是其辭氣安雅、紆徐平和的風格正好反映了明代中前期生產的恢復、社會的穩定。在明代的臺閣體詩人中江西籍占大多數，故有人將其明代臺閣體看成是江西的文學流派。當然，這一時期不入臺閣的江西詩人如解縉、梁潛、陳誠、曾棨等，他們詩歌的雄放清麗、疏放飄逸、雋靜浩瀚為這個時期的江西詩歌增添了別樣的色彩。在臺閣體的影響之下，整個明代中期，江西詩壇都處在一片平正雍容和襲蹈當中，故當前後七子復古革新之時，籠罩在江西詩壇之上的是沉悶的理學空氣。直到文學巨匠湯顯祖的出現，才一洗江西詩壇的頹勢，其深婉綿邈、清麗幽雅的詩風，情辭兼美且直入人心，得到了陳田、錢謙益等評家的肯定。明代末期，隨著大廈將傾的頹蕩時局裏挾而來的如晦風雨，江西詩壇上也出現了一批氣體高潔的愛國詩人和遺民詩人，如李邦華、黃端伯、楊廷麟、陳弘緒、王

猷定等，為明代的江西詩壇畫上了一個悲壯的句號。

詞在有明一代都處在一個衰落低沉的階段，明代的江西詞人，可圈可點的有風格沖淡自然的梁寅、明豔秀麗的聶大年、綿邈婉約的曾燦等。縱觀整個明代，江西詩詞的創作較元代的蕭索已有較大的恢復，呈現出一種可喜的中興之勢，然而隨著臺閣體的走向衰落及心學在江右大地的傳播繁盛，總體上又逐步式微，其中的原因是值得我們思考和研究的。

有清一代，華夏詩詞出現新一輪崛起浪潮。而據《晚晴簃詩匯》所選錄，全國詩人六〇八二人，江蘇一二七〇人，江西不足三百人，顯見力單勢薄。然而，細理這一時期三百年詩史，我們可以自豪地說，在經歷了前期的一段沉寂之後，清代的江西壇坫潮湧，巨擘才人並世而出，成為繼兩宋以後又一個輝煌的時期。與袁枚、趙翼並稱「乾隆三大家」的蔣士銓，被乾隆帝賞贊為「江右二名士」之一的彭元瑞，有「詩佛」之稱的吳嵩梁，詩駢俱佳的曾燠，構成了清代中期江西詩詞復興的領軍陣容。他們的詩詞或感事諷世，或獨抒心意，無不才力精絕而兼綜眾美。其後的高心夔、文廷式，更是別出手眼，鼓怒風雲，寄慨遙深，感時憂世作時代之悲歌。及至陳三立，以「今之蘇黃」的歷史使命感，重樹江西詩派大旗於三千年未有之巨變奇劫中，蒿目時艱，以詩明志，正人心，成「奧博精深，偉大結實」（胡先驌《讀散原詩漫記》）的一代詩史。羽翼在他周圍的華焯、胡朝梁、王易、楊增犖、李瑞清、夏敬觀等人更是成為晚近江西詩詞創作的中堅力量。而他代表的陳氏家族詩，更是江西家族詩歷百世而不絕的強音。延至民國，中西貫通的江右學人更是將現代思想融入

古老的江西詩詞中，為其注入了前所未有的精神和活力。清代、近代江西詩詞在傳統的消長、文化的碰撞中見證了一個時代的結束，但卻隨著新時代的建立而不斷發揚光大。試看今日，活躍在贛鄱大地的詩人詞人，哪個不曾從宏富博大的歷代江西詩詞中汲取過養分和靈感，又有哪個不以傳承和振興歷千百年而生生不息江西詩詞為光榮和己任呢！

一方水土養一方人，一方人有一方詩。以地域為範圍，深入探討此地之詩歌起源與歷史淵流，總結其特徵與成就，始肇於二千年前的班固《漢書·地理志》，其中分析《詩經》十五國詩歌之風貌，歸結到歌詩與地域文化的涵育發生之關係，具有椎輪草創之功。嗣後《北史》作者李延壽的「江左宮商發越，貴於清綺，河朔詞義貞剛，重乎氣質」，簡明扼要辨析地域文化對詩歌風格體氣的影響，亦被文學史屢屢徵引。江西近代著名文史學者汪辟疆更是以宏通的氣度、獨特的視野，專以地域論詩歌，撰《近代詩派與地域》，在「閩贛派」一節中，精辟論述道：

> 閩贛二省，地既密邇，山川阻深，岡巒重疊，亦復相肖。且文化開展，並在唐後，而皆大盛於天水（宋）一朝。文士攄懷，有深湛之思，具雄秀之稟，所謂與山川相發者，非耶？

雖是從詩歌流派角度將閩贛二省並提，卻揭示出江西詩歌的歷史脈絡與地域性特徵。

其一，江西詩歌具有家族性、群體性特徵。考察分析江西歷

史，我們不難發現，各個時期的主要人文成就與事件，大多具有家族群體的形式，往往以家庭宗族為核心力量，或父子相承，或昆弟比肩，或族姻聚聯，甚或數代承傳，顯示出極強的生命力。這是江西人文發展的一條重要線索，也是江西人文傳統的重要特徵。區域文化的特點，反映到詩詞創作中，一部江西詩歌長卷，清晰演示出家族與人才生成的關係、思想浸潤與文化傳衍的關係。《贛文化通典‧詩詞卷》力圖對這一特殊地域人文現象作出客觀公允的闡釋，從而揭示江西詩詞總體精神的豐富強盛之內涵。

其二，江西詩歌具有始終旺盛的積極進取的精神，敢於開風氣，樹新派。陶淵明詩的田園之風，標千古隱逸之宗，當時昭明太子即稱其詩「獨超眾類」「莫之與京」；以黃庭堅為旗幟，領袖群倫，左右宋代詩壇並影響至清的江西詩派；以二晏一歐為發端，中經姜夔，綿亙直至晚近文廷式的江西詞派；元代詩歌號稱「四大家」，江西占了三家；明初，以江西楊士奇為首的「臺閣體」；清中葉，蔣士銓、吳嵩梁等人，各標獨異風韻，蔣氏名入「江右三大家」，吳氏是為乾嘉間「二傑」之一；晚清「同光體」領袖陳三立，是清詩的驍驍殿軍。此外，半山體、誠齋體、「清空騷雅」的白石體，枝枝卓秀，宏觀華夏詩國，江西詩詞，代領風騷，殊不多讓。

其三，江西詩詞具有得天獨厚的鮮明風格，可謂本地風光，「洞鑑風騷之情者，抑亦江山之助」也（《文心雕龍‧物色》）。無論個體的創作風貌是怎樣的形形色色，今人從縱觀的詩與詞來看，也不難得出超越性的共性印象。簡言之，江西之詩，稟得山

岳之雄秀，無論是陶淵明的樸素自然，還是王安石的粹拔，無論是黃庭堅的瘦硬奇崛，還是楊萬里的活潑生新，都以思力深、意味永見長，雄健中不乏雋永之秀，當得「雄秀」二字。江西之詞，則攝得江河之深秀。以二晏發軔，脫胎於花間南唐，中經姜夔之清空騷雅，歸結於文廷式的沉鬱秀挺，彰彰本色，無不具深婉幽窈之美。要言之，二者皆得力於「深湛之思」，遂使「匡廬、鄱陽之靈氣，磅礡郁積，發洩無餘」（陳寶箴《與江西沈中丞書》）。

其四，歷來江西人非常重視鄉邦文獻的搜集整理，這也是一個非常寶貴的文化傳統，開全國風氣之先。編輯地域性詩詞集，發軔於元代盧陵鳳林書院所編《名儒草堂詩餘》，所收大多為宋末元初吉安地區詞人詞作。明代有韓陽編的《皇明江西詩選》十卷，輯選明代詩家八十九人作品一一九〇首。清代編集成風，如曾燠《江西詩徵》九十四卷，收錄作家二千餘人。詩作一萬多首，是迄今為止最大的一部江西詩歌文獻。另輯有《江右八家詩》八卷。史簡《鄱陽五家集》，收宋元明鄱陽人詩詞集五種附二種；郡邑詩歌文獻有清胡友梅《盧陵詩存》、民國初年魏元曠的《南昌詩征》、裴汝欽的《清江詩萃》。詩話詩評類，有明代郭子章的《豫章詩話》，開創中國第一部地域性的詩話。還有裘君弘的《西江詩話》十二卷，所論之詩人，概為江西籍四百餘人。徵文獻之脫誤，補志乘之遺漏。黎川楊希閔撰《鄉詩摭譚》二十卷，評述了晉陶潛以來江西籍的三四〇位詩人，對歷代能詩而名不甚著者，均有所記。李紱作有《南園答問》，專論江西人文與學術。以上種種，共同為研究江西詩歌發展史提供了珍貴的

原始遺產和文獻依據，允開研究之先河。

江西詩詞，因為各個歷史時期的發展不盡平衡，也因為各小區域發展的不盡平衡，所以《贛文化通典・詩詞卷》的篇幅安排也就不盡平衡。例如，晉以前是江西詩詞萌芽時期，存世詩歌文獻稀少，晉以陶淵明詩歌為代表，他作寥寥，承上啟下，導夫先路尚有唐詩歌，所以與唐總為一編，名「晉唐詩歌」；而宋、元時代是江西詩詞的繁盛期，大家星燦，佳作迭現，所以宋元詩詞分為上、下編。明、清詩詞各有千秋，發展大體平衡，各為一編。至於近代詩詞，本當闢專編介述，基於學界對這一時期界斷定位尚存爭議，一些作家的詩詞創作同時跨越現代甚至進入當代，且作家特多，詩詞別集文獻尚未有全面搜集與整理，所以只就成就突出、地位重要之數位作家作專章論述，亦歸入清代編，作為古典詩詞樂章在文學大轉型時代的迴響。

女性詩歌創作可謂源遠流長，但能在文學歷史長廊上留下芳跡的卻寥若晨星。蓋「閨秀則既無文士之師承，又不能專習詩文，故非聰慧絕倫者，萬不能詩。生於名門巨族，遇父兄詩友知詩者，傳揚尚易；倘生於蓬蓽，嫁於村俗，則湮沒無聞者，不知凡幾」（沈善寶《名媛詩話自序》）。婦女詩人在中國的出現，據現有文獻記載，似乎一直可以追溯到上古的塗山氏之女和有莘氏之女。清代以前，各個歷史時期也不乏有詩詞才華的女性，至清代，隨著封建禮教的漸衰和女性意識的覺醒，女性詩人數量猛增，女性詩詞始出現發展高潮。據胡文楷《歷代婦女著作考》著錄，中國現代以前的女作家共有四千餘人，其中清代就有三千五百餘人，可知女性詩詞史之波瀾，「瓊閨之彥，繡閣之姝，人握

隋珠，家藏和璧」（易順鼎《清代閨閣詩人徵略》）。江西女性詩人，據魏向炎先生所考，最早的是唐代江西波陽縣籍戶部侍郎吉中孚之妻，有《拜新月》等篇。之後數量慢慢有所增加。據目前統計，唐代五人，宋代十三人，元代三人，明代十三人，到清代始出現較多的女性創作。她們的作品大多散見於方志以及各類收集女性詩詞的資料中，極少有成集留存的。同時，由於年代久遠，加之女性的社會地位低下，作品沒有得到應有的重視，今天我們能夠見到的江西女性詩詞數量很少，她們當中一些人的生平也沒有準確清晰的記載。然而，就從這些僅存的作品中，我們依然可以窺探她們豐富的內心世界和絕代才華，值得我們格外珍視。理所當然，詩詞史上應有她們的聲音與身影。

　　贛詩歌，是贛文學的主支，而贛文學，是贛文化的一脈，詩歌史，作為贛文化的支脈，自然受大小區域政治、經濟的影響，自然與社會、哲學、宗教等精神領域密切相關，但在這專門的卷帙裡，毋庸贅述江西是釋道的發源與傳播之地，毋庸論及延續千年的科舉制度對文學的推動與制約，也毋庸論及宋明理學以及興學興教的書院風尚，與這些外在條件相較，我們更關注「詩歌文本」「詩歌事件」，同時，絕不僅僅視其為單純的史料，我們更關注其自身獨立的生命。因此，本卷試圖對江西詩詞有史以來直至清末民初的文獻進行梳理，作歷史之回顧、整體之鳥瞰，把握其發展脈絡，揭櫫其各時期成就，使後來者得窺淵流，知吾江西詩苑疆土曾經的衰微與繁盛，知世代詩詞家們在這塊土地的辛勤耕耘與收獲，觸摸江西詩詞長青之林的主干與枝葉，貼近鄉邦前賢世代共同書寫的心靈史，這就是《贛文化通典‧詩詞卷》的良

好願望與主體構思。代更時遷，江山依舊如畫，人物不盡風流，其詩詞遺產「絢爛若星斗，流峙如河岳，黃鐘大呂，音律鏗鏘，響徹霄漢之表者，歷千古猶一日，曷以存歿有間哉，共播今而傳後者，宜矣」。（李奎《皇明西江詩選序》）

第一編　近唐江西詩歌

　　江西詩詞的創作一般認為濫觴於東漢中葉。清代的江西臨川人李紱曾在《南園答問》中描述江西文學起源時，將東漢時的李潮推作江西文學的開山祖師。李潮為東漢中期南昌人，生卒年已不可考，漢桓帝時曾為魏郡監黎陽謁者。桓帝和平元年（150）立張公神道碑於黎陽時，李潮曾為撰頌歌九章，現已失傳。這是迄今為止所知有記載的最早的江西詩人的詩歌創作，惜其具體面目不詳。

　　此後，自漢末三國紛爭至晉代，江西詩壇一直處於沉寂狀態。晉室的南渡，給江西文學帶來了發展的契機，它加速了江西的開發和經濟的發展，也給江西造就了有史以來中原文化最大規模的一次沉積。此後，司馬睿在江南建立了東晉王朝，江西成了其穩固的後方。一批著名文學家，如王羲之、謝靈運、劉義慶、荀伯子、鮑照、鐘嶸等，均曾游宦於江西。這些變化，一方面增強了江西的文化積累，另一方面也促進了江西文人和外界的交往。正是這種濃厚的文化氛圍，催生出一位在江西文學史乃至中國文學史上具有深遠影響的偉大詩人，他就是田園詩人陶淵明。陶淵明融合南方文風的柔媚與北方文風的剛健，以清新平淡、質樸自然的筆墨，敘寫自己田園隱逸生活的情趣以及不肯與世俗同流的情懷。他的田園詩作，廓清了西晉以來泛濫文壇的玄言詩風的影響，成為中國古典詩歌向下一階段發展的表徵，他所表現的烏托邦式的田園生活，往往成為後世文人在重重災難後的精神避難所。同時，他的偉大人格精神與精湛的詩歌藝術亦一直為後人所景仰，在此後的一千多年中，成了詩人們取法的典範。當然，陶淵明的出現，在江西詩詞史上，同樣有著劃時代的意義，它標

示著江西詩歌創作的成熟，也激勵著後代江西詩人在陶淵明曾經鑄造輝煌的這塊土地上充滿自信地辛勤耕耘。

　　陶淵明之後的江西詩壇，出人意料地沉寂了三百餘年。這期間，江西文壇迎來了其文化土壤的又一次更大規模的沉積。唐代開國後，一大批著名政治家和文學家如李百藥、王勃、錢起、張九齡、孟浩然、張繼、劉長卿、李白、白居易、顏真卿、韓愈、李德裕等，都先後仕宦或游歷至江西，並在江西寫下了許多優秀的作品。他們在江西的政治與文學活動，有力地促進了江西文學的發展，並且影響了一大批文學新人。在這種文化湧動中，先是在盛唐時期出現了幾位較有影響的江西詩人，如綦毋潛、劉眘虛、王季友、陶峴、熊曜、熊暄、余欽等。除陶峴之外，其餘六人都曾入仕，他們與著名詩人張說、賀知章、張九齡、孟浩然、王昌齡、高適、岑參、王維、李頎、杜甫等分別有過相當密切的交往，在開元前後的文壇上享有很高的聲譽。其次是在中晚唐時期，先後形成了三個具有一定規模的作家群體，即贛北詩人群、贛東北詩人群與贛西詩人群，這不僅使江西詩歌創作在分布上所表現的地域性、群體性特點進一步得到了加強，顯示了江西詩人的才華與風采，而且江西詩人的家族性特徵也初露端倪。

　　五代十國時期，江西全部地域隸屬南唐。南唐地區較之中原，顯得特別平靜安適，雖然也發生過一些戰爭，但都是局部性的，再加上李氏三代對文化教育的重視，南唐的文壇一度呈現出繁榮景象。江西詩詞的創作也隨之而繁盛，其分布地區有贛北、贛中、贛南等。贛北詩人主要有李中，贛中詩人主要有劉洞、夏寶松、宋齊丘，贛南詩人主要有廖圖、廖凝兄弟及孫峴。另外，

唐五代時期，贛東地區也有詩人的活動，但比較少，見於《全唐詩》著錄的有楊志堅、孫氏、張頂。以上南唐詩人的詩歌創作，填補了所在地區此前的空白，尤其是贛東臨川地區的詩歌創作，可以說是臨川文學的濫觴，成為宋代臨川詩詞繁榮的先聲。

第一章

晉代江西詩歌

　　晉代江西詩壇，異軍突起地湧現出了一位在江西詩詞史以至中國文學史上影響深遠的偉大詩人陶淵明。陶淵明的出現，標誌著江西詩詞史的開端，也標誌著中國詩歌的題材與風格的轉變。他融合南方文風的柔美清麗與北方文風的剛健質樸，以清新平淡、自然質樸的筆墨，描繪詩人的日常生活，在平凡的生活中發掘出詩意，以此抒寫田園隱逸生活的情趣及其不與流風俗韻苟合的情懷消釋詩人志不獲騁的深沉怨憤，以返璞歸真的方式求得生命的自適，將「自然」提升為美的最高境界，從而為中國古典詩歌開墾出了田園詩這片新天地。

第一節 ▶ 陶淵明的生平

　　陶淵明（365-427），又名潛，字符亮，號五柳先生，世稱靖節先生。潯陽柴桑（今江西九江）人。

　　陶淵明生活在晉宋易代之際十分複雜的政治環境之中，並且其家世背景也非常特別。陶淵明的曾祖陶侃曾以軍功官至大司馬，祖父做過太守，父親大概官職更低一些，而且在陶淵明幼年

時就去世了。在重視門閥的社會裡，陶家的地位遠遠無法與王、謝等士族相比，但又不同於寒門，處於一種尷尬的狀態。

首先，陶侃出身寒微，被譏為「小人」，又被視為有篡位野心之人。《晉書・陶侃傳》云：

> 陶侃，字士行，本鄱陽人也。吳平，徙家廬江之尋陽。父丹，吳揚武將軍。侃早孤貧，為縣吏……伏波將軍孫秀以亡國支庶，府望不顯，中華人士恥為椽屬，以侃寒宦，召為舍人。時豫章國郎中令楊晫，侃州里也，為鄉論所歸。侃詣之，晫曰：「《易》稱『貞固足以干事』，陶士行是也。」與同乘見中書郎顧榮，榮甚奇之。吏部郎溫雅謂晫曰：「奈何與小人共載？」晫曰：「此人非凡器也。」尚書樂廣欲會荊揚士人，武庫令黃慶進侃於廣。人或非之，慶曰：「此子終當遠到，復何疑也！」慶後為吏部令史，舉侃補武岡令。與太守呂岳有嫌，棄官歸，為郡小中正。史臣曰：……士行望非世族，俗異諸華，拔萃陬落之間，比肩髦俊之列。[1]

其次，陶淵明的祖父、父親雖做過太守一類官職，但到了陶淵明的時代，家境早已破敗。有這樣的家世背景，陶淵明在政治上的處境也是相當尷尬的：

1　房玄齡等：《晉書》卷六十六，中華書局，1974年版。

潛少有高趣，嘗著《五柳先生傳》以自況，曰：……其自序如此，時人謂之「實錄」。[2]

先生不知何許人也，亦不詳其姓字。宅邊有五柳樹，因以為號焉……性嗜酒，家貧不能常得……環堵蕭然，不蔽風日，短褐穿結，簞瓢屢空，晏如也。（《五柳先生傳》）

自余為人，逢運之貧。簞瓢屢罄，絺綌冬陳。含歡谷汲，行歌負薪。翳翳柴門，事我宵晨。春秋代謝，有務中園。（《自祭文》）

因此，陶淵明自少年時代就表現出思想的矛盾，他既雅好六經，有廣濟蒼生的志向，又十分厭惡世俗，熱愛自然，他常在詩文中自道：

少年罕人事，游好在六經。（《飲酒》十六）

少時壯且厲，撫劍獨行游。誰言行游近，張掖至幽州。（《擬古》八）

憶我少壯時，無樂自欣豫。猛志逸四海，騫翮思遠翥。（《雜詩》五）

2　沈約：《宋書·隱逸傳》。

少學琴書，偶愛閒靜，開卷有得，便欣然忘食。見樹木交蔭，時鳥變聲，亦復歡然有喜。常言五六月中，北窗下臥，遇涼風暫至，自謂是羲皇上人。（《與子儼等疏》）

迫於生計，陶淵明二十九歲始入仕，作過江州祭酒，不久即辭職。後來召為江州主簿，亦未就任。

晉安帝隆安二年（398），陶淵明到江陵，入荊州刺史兼江州刺史桓玄之幕。當時桓玄掌握著長江中上游的軍政大權，野心勃勃，圖謀篡晉。陶淵明見此情形，便又產生了歸隱的想法。他寫於隆安五年（401）的《辛丑歲七月赴假還江陵夜行涂口》詩曾說：

詩書敦宿好，林園無世情。如何舍此去，遙遙至南荊。

這年冬天，因母孟氏去世，陶淵明便回潯陽居喪了。此後政局發生了急劇的變化，安帝元興元年（402），桓玄以討尚書令司馬元顯為名，舉兵東下攻入京師。元興二年（403），桓玄篡位，改國號為楚。元興三年（404），劉裕起兵討伐桓玄，入建康，任鎮軍將軍，掌握了國家大權，給晉王朝帶來一線希望。於是陶淵明又出任鎮軍將軍劉裕的參軍，在赴任途中寫了《始作鎮軍參軍經曲阿作》，表達了他矛盾的心情，一方面覺得機遇終於來臨，希望能夠有所作為，是「時來苟冥會，踠轡憩通衢」；另一方面又留戀清貧但悠閒的田園生活，念念不忘「聊且憑化遷，終返班生廬」。這時劉裕正集中力量討伐桓玄及其殘餘勢力，陶

淵明開始擔心在劉裕幕中難有所作為。到了第二年即安帝義熙元年（405），陶淵明便改任建威將軍江州刺史劉敬宣的參軍。這年八月又請求改任彭澤縣令，在官八十餘日，十一月就辭去官職，回柴桑歸隱了。關於這段生活及辭去縣令的原因，《宋書·隱逸傳》記載：

> 親老家貧，起為州祭酒。不堪吏職，少日，自解歸。州召主簿，不就。躬耕自資，遂抱羸疾。復為鎮軍、建威參軍。謂親朋曰：「聊欲弦歌，以為三徑之資，可乎？」執事者聞之，以為彭澤令。公田悉令吏種秫稻，妻子固請種秔，乃使二頃五十畝種秫，五十畝種秔。郡遣督郵至縣，吏白應束帶見之。潛嘆曰：「我不能為五斗米折腰向鄉里小人！」即日解印綬去職，賦《歸去來》……義熙末，徵著作郎，不就……潛弱年薄宦，不潔去就之跡。自以曾祖晉世宰輔，恥復屈身後代。自高祖王業漸隆，不復肯仕，所著文章，皆題其年月，義熙以前，則書晉氏年號，自永初以來，唯云甲子而已。[3]

當然，《宋書》所云隱而不仕及詩文僅題甲子而不署年號是與晉宋易代有關，這些言論，是不夠確切的。《苕溪漁隱叢話》前集卷三曾引思悅語云：

3　沈約：《宋書》卷九十三。

思悅考淵明之詩有以題甲子者，始庚子距丙辰，凡十七年間，只九首耳，皆晉安帝時所作也。中有《乙巳歲為建威參軍使節都經前溪作》，此年秋乃為彭澤令，在官八十餘日，即解印綬，賦《歸去來兮辭》。後一十六年庚申，晉禪宋，恭帝元熙二年也。蕭德施《淵明傳》曰：「自宋高祖王業漸隆，不復肯仕。」於淵明出處，得其實矣。寧容晉未禪宋前二十年，輒恥事二姓，所作詩但題甲子以自取異哉？矧詩中又無標晉年號者，其所題甲子，蓋偶記一時之事耳。後人類而次之，亦非淵明之意也。[4]

陶淵明隱而不仕，原因不僅不在晉宋易代，其詩文有題甲子而不署年號者，亦與晉宋易代無關。他在辭官時所作的《歸去來兮辭》說出了更深刻的原因：

歸去來兮，請息交以絕游，世與我而相違，復駕言兮焉求？

陶淵明徹底地覺悟到世俗與自己崇尚自然的本性是多麼相背離，他不能改變本性以適應世俗，再加上對政局的失望，於是堅決地辭官隱居了。辭去彭澤令，可以說是陶淵明一生前後兩期的

---

4 胡仔纂集，廖德明校點：《苕溪漁隱叢話》，人民文學出版社，1962年版，第19頁。

分界線。此前，他不斷在官僚與隱士這兩種社會角色中進行選擇，做隱士時想出仕，做官僚時又想歸隱，心情十分矛盾。此後他堅定了隱居的決心，一直過著隱居山野、躬耕田園的生活，但他的心情仍然不平靜，他說：

> 日月擲人去，有志不獲騁。念此懷悲淒，終曉不能靜。
> （《雜詩》其二）

陶淵明在詩裡反覆致意於隱居的快樂，一再表示隱居的決心：

> 托身已得所，千載不相違。（《飲酒》其四）

> 且共歡此飲，吾駕不可回。（《飲酒》其九）

這固然是陶淵明真實的感受，但也可以視為他堅定自己決心的一種方法。在後期他並非沒有再度出仕的機會，但是他堅定地拒絕了：

> 江州刺史王弘欲識之，不能致也。淵明嘗往廬山，弘命淵明故人龐通之齎酒具於半道栗里之間邀之。淵明有腳疾，使一門生、二兒舁籃輿，既至，欣然便共飲酌。俄頃弘至，亦無迕也。先是，顏延之為劉柳後軍功曹，在潯陽與淵明情款，後為始安郡，經過潯陽，日造淵明飲焉。每往必酣飲致

醉。弘欲邀延之坐，彌日不得。弘之臨去，留二萬錢與淵明，淵明悉遣送酒家，稍就取酒。嘗九月九日出宅邊菊叢中坐，久之，滿手把菊，忽值弘送酒至，即便就酌，醉而歸。淵明不解音律，而蓄無弦琴一張，每酒適，輒撫弄以寄意。貴賤造之者，有酒輒設。淵明若先醉，便語客：「我醉欲眠，卿可去。」其真率如此。郡將嘗候之，值其釀熟，取頭上葛巾漉酒。漉畢，還復著之。時周續之入廬山，事釋惠遠，彭城劉遺民亦遁跡匡山，淵明又不應征命，謂之「潯陽三隱」。後刺史檀韶苦請續之出州，與學士祖企、謝景夷三人共在城北講《禮》，加以讎校。所住公廨，近於馬隊。是故淵明示其詩云：「周生述孔業，祖、謝響然臻。馬隊非講肆，校書亦已勤。」其妻翟氏亦能安勤苦，與其同志……元嘉四年，將復征命，會卒，時年六十三。[5]

歸去來兮，請息交以絕游，世與我而相違，復駕言兮焉求？悅親戚之情話，樂琴書以消憂。農人告余以春及，將有事於西疇。或命巾車，或棹孤舟，既窈窕以尋壑，亦崎嶇而經丘……懷良辰以孤往，或植杖而耘耔。登東皋以舒嘯，臨清流而賦詩。聊乘化以歸盡，樂夫天命復奚疑！（《歸去來兮辭》）

5　蕭統：《陶淵明傳》，見李公煥《箋注陶淵明集》卷末，《四部叢刊》影印宋刊巾箱本。

炎火屢焚如，螟蜮恣中田。風雨縱橫至，收斂不盈廛。夏日長抱飢，寒夜無被眠。造夕思雞鳴，及晨願烏遷。在己何怨天，離憂悽目前。（《怨詩楚調示龐主簿鄧治中》）

吾年過五十，少而窮苦。每以家弊，東西游走。性剛才拙，與物多忤。自量為己，必貽俗患，黽勉辭世，使汝等幼而飢寒。余嘗感孺仲賢妻之言，敗絮自擁，何慚兒子……病患以來，漸就衰損。親舊不遺，每以藥石見救，自恐大分將有限也。汝輩稚小家貧，每役柴水之勞，何時可免。念之在心，若何可言！（《與子儼等疏》）

到了晚年，陶淵明貧病交加，宋文帝元嘉四年（427），他在去世前寫了一篇《自祭文》，其云：

歲惟丁卯，律中無射。天寒夜長，風氣蕭索，鴻雁於征，草本黃落。陶子將辭逆旅之館，永歸於本宅。故人悽其相悲，同祖行於今夕。羞以嘉蔬，薦以清酌。候顏已冥，聆音愈漠。嗚呼哀哉！茫茫大塊，悠悠高旻，是生萬物，余得為人。自余為人，逢運之貧，簞瓢屢罄，絺綌冬陳。含歡谷汲，行歌負薪，翳翳柴門，事我宵晨。春秋代謝，有務中園，載耘載籽，乃育乃繁。欣以素牘，和以七弦。冬曝其日，夏濯其泉。勤靡餘勞，心有常閒。樂天委分，以至百年。惟此百年，夫人愛之，懼彼無成，愒日惜時。存為世珍，歿亦見思。嗟我獨邁，曾是異茲。寵非己榮，涅豈吾

緇？捽兀窮廬，酣飲賦詩。識運知命，疇能罔眷。余今斯
化，可以無恨。壽涉百齡，身慕肥遁，從老得終，奚所復
戀！寒暑逾邁，亡既異存，外姻晨來，良友宵奔，葬之中
野，以安其魂。窅窅我行，蕭蕭墓門，奢恥宋臣，儉笑王
孫，廓兮已滅，慨焉已遐，不封不樹，日月遂過。匪貴前
譽，孰重後歌？人生實難，死如之何？嗚呼哀哉！

　　這可以說是陶淵明給自己寫的一支安魂曲，深邃、沉潛，又
安詳、通達、徹悟，樂命知天。這也是他的絕筆之作。死後，朋
友們給他以諡號曰靖節先生。他的好友顏延之為他寫了《陶徵士
誄》，這篇誄文成為研究陶淵明的重要資料。

　　陶淵明的生平材料，還可詳細參看《宋書・陶淵明傳》、蕭
統《陶淵明傳》、蕭統《陶淵明集序》和陶淵明《五柳先生傳》
《歸去來兮辭》《與子儼等疏》《自祭文》等。

第二節 ▶ 陶淵明詩歌的主要題材

　　陶淵明的作品，在他生前流傳不廣。梁代蕭統加以搜集整
理，編為《陶淵明集》，並為之寫序、作傳。蕭統所編陶集雖然
已經散佚，但此後的陶集，如已佚的北齊陽休之本、北宋宋庠
本、北宋僧思悅本以及今存的一些宋代刻本，如汲古閣藏十卷
本、曾集刻本，都是在此基礎上重編而成的。

　　陶淵明的作品中今存詩有一二一首，依據其題材，主要可以
分為五類，即田園詩、詠史詩、詠懷詩、行役詩、贈答詩。

一、田園詩

田園詩是陶淵明詩歌的精華，是其人生理想與品格的集中體現。有的人也將此類詩稱為山水田園詩。事實上，陶詩只能稱為田園詩。田園詩和山水詩往往並稱，但這是兩類不同的題材。田園詩當然也會寫到農村的山水風景，似乎與山水詩相通，但田園詩的主體是寫農村的生活、農夫和農耕。而山水詩則主要是寫自然風景，表達詩人主體對山水客體的審美體驗，並且往往和行旅內容聯繫在一起。由此來劃分的話，那麼，陶淵明的詩僅《游斜川》一首可稱為山水詩，其餘的都應該是田園詩。

田園詩是陶淵明為中國文學增添的一種新的詩歌題材，並且，陶淵明的田園詩不是以旁觀者的態度進行觀賞，而是以自己的田園生活為內容，真切地寫出自我躬耕的艱苦與愉悅。這樣寫田園詩，陶淵明可稱得上是中國詩歌史上的第一人。

陶淵明的田園詩常常通過描寫田園景物的恬靜幽美、田園生活的簡單樸實，來表現自己悠游自然的心境。野望、春游、登高、飲酒、讀書、切磋，與友人談心，與親人團聚，濯洗於簷下，採菊於東籬，還有那堂前的桃李、後簷的榆柳、南山下的豆苗、日益茁壯的桑麻、繁榮的花木、和穆的清風，都在他的筆下成為一首首淳美的詩：

> 熙熙令德，猗猗原陸。卉木繁榮，和風清穆。紛紛士
> 女，趨時競逐。桑婦宵興，農夫野宿。（《勸農》其三）

邁邁時運，穆穆良朝。襲我春服，薄言東郊。山滌餘靄，宇曖微霄。有風自南，翼彼新苗。（《時運》其一）

斯晨斯夕，言息其廬。花藥分列，林竹翳如。清琴橫床，濁酒半壺。黃唐莫逮，慨獨在余。（《時運》其四）

鄰曲時時來，抗言談在昔。奇文共欣賞，疑義相與析。（《移居》其一）

清新美好的田園風光，悠游自在的歸隱生活，和諧融洽的鄰里關係，確實令人羨慕。再如《歸園田居》（其一）：

少無適俗韻，性本愛丘山。誤落塵網中，一去三十年。羈鳥戀舊林，池魚思故淵。開荒南野際，守拙歸園田。方宅十餘畝，草屋八九間。榆柳蔭後簷，桃李羅堂前。曖曖遠人村，依依墟里煙。狗吠深巷中，雞鳴桑樹顛。戶庭無塵雜，虛室有餘閒。久在樊籠裡，復得返自然。

守拙與適俗，園田與塵網，對比之下，歸田的詩人就像「羈鳥」「池魚」回到「舊林」「故淵」，感到無比的舒適與愉悅。南野、草屋、榆柳、桃李、遠村、近煙、雞鳴、狗吠，眼之所見、耳之所聞，無一不爽，無一不愜意。這些平凡的田園景象經過陶淵明的點化，一切都顯得那樣的詩意盎然。

陶淵明田園詩最有特色的也是最為可貴的是他注重抒寫自我

躬耕的農業生產體驗。此前,《詩經》中也有農事詩,那是農夫們在勞動時唱的歌。至於文人士大夫親身參加農業勞作,並且用詩真切地寫出勞動體驗的,陶淵明可以說是第一位。陶淵明之後的田園詩真正寫文人自己勞動生活的仍然不多見。其《歸園田居》(其三)是這方面的代表作:

　　種豆南山下,草盛豆苗稀。晨興理荒穢,帶月荷鋤歸。道狹草木長,夕露沾我衣。衣沾不足惜,但使願無違。

　　草盛苗稀、晨興理穢、帶月荷鋤、夕露沾衣,實景實情,生動而真實。靠自己雙手的勞作來獲取生活的需要,祈求以此來泯滅社會剝削與等級,這是陶淵明在親自參與農業勞動中所寄寓的理想人生。《庚戌歲九月中於西田穫早稻》更明確地寫出了作者的這種人生理念:

　　人生歸有道,衣食固其端。孰是都不營,而以求自安。開春理常業,歲功聊可觀。晨出肆微勤,日入負耒還。山中饒霜露,風氣亦先寒。田家豈不苦,弗獲辭此難。四體誠乃疲,庶無異患干。盥濯息簷下,斗酒散襟顏。遙遙沮溺心,千載乃相關。但願長如此,躬耕非所嘆。

　　陶淵明認為,衣食是人生的首要之道,而勞動則是獲取衣食的唯一途徑。因此,詩人寫到了勞動時的艱辛以及勞動後休息時的快慰,這是勞動的陶淵明的感受,也是躬耕的士人與普通農民

共有的感受，而「四體誠乃疲，庶無異患干」則是一個從仕途歸隱的躬耕士人獨有的體悟。

陶淵明的田園詩中，又有寫他以平等的地位與農民親切交流的，這也是此前甚至此後口頭上常以歸耕來標榜清高的士大夫文人所不曾有過的。關於這一點，後來的陶詩愛好者亦相當注重，多有詳細評析：

（《歸園田居》其二）此篇言野外事簡人靜，絕無塵慮，唯與鄰曲往來，共談桑麻之長而已。[6]

（《移居》其二）前首文心，此為農務，鄰居中文質兼盡。曰「相呼」，又曰「各歸」，各歸之後，再說「相思」「言笑」，言笑則與農務不盡相涉矣。又再結以「衣食」「力耕」，見非荒嬉之談也。[7]

上章移居卜鄰，得友論文；下章飲酒務農，不虛佳日。人苟樂此無厭，則狎邪之友何由而至，非僻之心無自而入。[8]

（《雜詩》其一）「比鄰」與「兄弟」相應。失常，則兄弟非親；得歡，則比鄰宜聚。[9]

---

[6] 劉履：《選詩補注》卷五。
[7] 黃文煥：《陶詩析義》卷二。
[8] 溫汝能：《陶詩匯評》卷二。
[9] 黃文煥：《陶詩析義》卷四。

陶淵明的部分田園詩還寫到了自己的窮困和農村的凋敝。如
《怨詩楚調示龐主簿鄧治中》：

> 炎火屢焚如，螟蜮恣中田。風雨縱橫至，收斂不盈廛。
> 夏日長抱飢，寒夜無被眠。造夕思雞鳴，及晨願烏遷。

真切地描寫了飢寒交迫的景況及心理活動。又如《歸園田
居》（其四）：

> 徘徊丘壟間，依依昔人居。井灶有遺處，桑竹殘朽株。
> 借問采薪者，此人皆焉如？薪者向我言，死沒無復余。

這類詩作，真實地展現了農村在戰亂和災害之中的面貌，脫
卻了一般田園詩總是詩情畫意的窠臼，這也是陶淵明躬耕田園的
新創獲。

關於陶淵明的田園詩，前人評論特別多，如：

> （《歸園田居》）從出世後歸田，與煙霞泉石人不同。
> 譬如潛淵脫網，無二魚也，其游泳閒促，自露驚喜。元亮以
> 居官為樊籠，不知八十餘日作何等煩惱，無論三十年間
> 矣。[10]

10　蔣薰：《陶淵明詩集》卷二。

「返自然」三字，道盡歸田之樂，可知塵網牽率，事事俱違本性矣。**11**

（《飲酒》其三）此言大道久喪，情欲日滋，當世之人，不肯適性保真，而徒戀惜世榮，殊不知一生之內，倏如電之過目，今乃舒緩怠惰，不自速悟，持此以往，欲何所成而垂名乎？蓋不特以之諷人，亦以自警焉爾。**12**

（其十六）觀後篇，意多所恥，終歸田里。公年近四十而去官也，故云「向不惑」「遂無成」。**13**

（《歸園田居》其三）譚元春曰：高堂深居人動欲擬陶，陶此境此語，非老於田畝不知。**14**

前言桑麻，此言種豆，皆田園中實事，亦有次第。**15**

（《癸卯歲始春懷古田舍二首》）古人處畎畝之中，躬耕樂道，非若後世徒為豐積者比。靖節自辛丑歲七月於鎮軍幕赴假還後，日以耕稼自樂。及賦此詩，乃以「懷古」名題，意有在矣。其言聖人「憂道不憂貧」，而我瞻望遠不易及者，蓋猶有飢餒之累，不免務為農作，而轉欲忘其長勤也。然既能忘其勤勞，且耕且種，即事歡欣如此，其於憂貧也復何有哉！**16**

11　查初白著，張載華輯：《初白庵詩評》卷上。
12　劉履：《選詩補注》卷五。
13　蔣熏：《陶淵明詩集》。
14　鐘伯敬、譚元春輯：《古詩歸》卷九。
15　邱嘉穗：《東山草堂陶詩箋》卷二。
16　劉履：《選詩補注》卷五。

古來唯孔、顏安貧樂道，不屑耕稼，然而邈不可追，則
不如實踐隴畝之能保其真矣。篇中隱寓四古人，各相反照，
悠然意遠，不唯章法低昂起伏，並可知古人鑄題之妙。[17]

（《庚戌歲九月中於西田穫早稻》）衣食從有道說起，
善為觀穫占地步，會心不遠，無一非道也。[18]

不以躬耕為恥，自不以仕進為榮矣！[19]

（《丙辰歲八月中於下潠田舍穫》）鐘伯敬曰：陶公山
水、朋友、詩文之樂，即從田園耕鑿中一段憂勤討出，不別
作一副曠達之語，所以為真曠達也。[20]

及時力田，田竣事游，襟期開朗，作詩自然高潔。[21]

二、詠史詩

陶淵明詠史詩有三十多首，並且多以組詩的形式出現，可以
說是唐前的詠史大家。主要有《詠二疏》《詠張良》《詠荊軻》《詠
貧士七首》《讀山海經十三首》《讀〈史〉述九章》等，其中《讀
山海經十三首》《讀〈史〉述九章》之類，作為組詩，並非每一
篇都是詠史，然而，和左思《詠史詩八首》一樣，有統一的結構
及主旨，為借史抒懷之作。

17　吳瞻泰：《陶詩匯注》卷三。
18　黃文煥：《陶詩析義》卷三。
19　張潮等：《曹陶謝三家詩·陶集》卷三。
20　鐘伯敬、譚元春輯：《古詩歸》卷九。
21　張潮等：《曹陶謝三家詩·陶集》卷三。

陶淵明詠史詩在內容上體現為比較明顯的兩極，一是詠歌志士，雄渾激越，豪邁悲壯；一是詠歌隱士，超凡脫俗，清幽高古。表現為詠歌志士的如《詠荊軻》：

> 燕丹善養士，志在報強嬴。招集百夫良，歲暮得荊卿。君子死知己，提劍出燕京。素驥鳴廣陌，慷慨送我行。雄髮指危冠，猛氣充長纓。飲餞易水上，四座列群英。漸離擊悲筑，宋意唱高聲。蕭蕭哀風逝，淡淡寒波生。商音更流涕，羽奏壯士驚。心知去不歸，且有後世名。登車何時顧，飛蓋入秦庭。凌厲越萬里，逶迤過千城。圖窮事自至，豪主正怔營。惜哉劍術疏，奇功遂不成。其人雖已沒，千載有餘情。

詠寫荊軻的詩，此前的王粲、阮瑀、左思等都有創作。陶淵明此詩在形式上與阮、王之詩相同，都是敘事為主的傳記體。但此詩更為鋪張，敘述結構更加完整：第一部分從「燕丹善養士」至「提劍出燕京」，敘寫燕太子丹招募勇士，得到荊軻，這是序曲；第二部分從「素驥鳴廣陌」至「且有後世名」，敘寫易水送別，表現荊軻出征的慷慨壯烈，是詩作高潮；最後一部分寫刺秦的結果以及詩人的感慨。一般來說，詩歌擅長抒情而短於敘事，陶淵明此詩則不僅敘事完整，層層推進，而且將人物形象塑造得特別豐滿，有血有肉。特別是易水送別一節，除了「蕭蕭哀風」「淡淡寒波」等環境渲染外，還進行了一系列的動作描寫：「提劍」「出燕京」「指危冠」「充長纓」「擊悲筑」「唱高聲」「登車」等，這些動作一氣貫下，凸顯出荊軻豪邁激盪、意氣縱橫的英雄

形象，其氣韻豐神躍然紙上。詩作更以詠史來寓意作者自我情懷，溫汝能《陶詩匯評》曾評曰：

> 荊軻刺秦王不中，千古恨事，先生目擊禪代，時具滿腔熱血，觀此篇可以知其志矣。[22]

又劉履《選詩補注》評曰：

> 此靖節憤宋武弒奪之變，思欲為晉求得如荊軻者往報焉，故為是詠。[23]

二人之評未必切中，但陶淵明以詠史來寓意自我情懷這一點是毫無疑問的。詠歌隱士的詩如《詠二疏》：

> 大象轉四時，功成者自去。借問商周來，幾人得其趣？游目漢廷中，二疏復此舉。高嘯返舊居，長揖儲君傅。餞送傾皇朝，華軒盈道路。離別情所悲，余榮何足顧。事勝感行人，賢哉豈常譽。厭厭閭里歡，所營非近務。促席延故老，揮觴道平素。問金終寄心，清言曉未悟。放意樂餘年，遑恤身後慮。誰云其人亡？久而道彌著。

22　溫汝能：《陶詩匯評》卷四。
23　劉履：《選詩補注》卷五。

詠寫西漢時叔侄二人疏廣、疏受，讚美他們功成身退、知足不辱的高節。又《詠貧士七首》分詠七位古代貧士：

萬族各有托，孤雲獨無依。曖曖空中滅，何時見餘暉。朝霞開宿霧，眾鳥相與飛。遲遲出林翮，未夕復來歸。量力守故轍，豈不寒與飢？知音苟不存，已矣何所悲。（其一）

淒厲歲雲暮，擁褐曝前軒。南圃無遺秀，枯條盈北園。傾壺絕餘瀝，窺灶不見煙。詩書塞座外，日昃不遑研。閒居非陳厄，竊有慍見言。何以慰吾懷？賴古多此賢。（其二）

榮叟老帶索，欣然方彈琴。原生納決履，清歌暢商音。重華去我久，貧士世相尋。弊襟不掩肘，藜羹常乏斟。豈忘襲輕裘，苟得非所欽。賜也徒能辯，乃不見吾心。（其三）

安貧守賤者，自古有黔婁。好爵吾不榮，厚饋吾不酬。一旦壽命盡，弊服仍不周。豈不知其極，非道故無憂。從來將千載，未復見斯儔。朝與仁義生，夕死復何求。（其四）

袁安困積雪，邈然不可干。阮公見錢入，即日棄其官。芻槁有常溫，采莒足朝飧。豈不實辛苦？所懼非飢寒。貧富常交戰，道勝無戚顏。至德冠邦閭，清節映西關。（其五）

仲蔚愛窮居，繞宅生蒿蓬。翳然絕交游，賦詩頗能工。舉世無知者，止有一劉龔。此士胡獨然，實由罕所同。介焉安其業，所樂非窮通。人事固以拙，聊得長相從。（其六）

昔在黃子廉，彈冠佐名州。一朝辭吏歸，清貧略難儔。年飢感仁妻，泣涕向我流。丈夫雖有志，固為兒女憂。惠孫一晤嘆，腆贈竟莫酬。誰云固窮難，邈哉此前修。（其七）

其一、其二可視之為序，說明作詩之旨乃在尋找知音，告慰孤懷。以下五首則分詠榮叟、原憲、黔婁、袁安、阮公、張仲蔚、黃子廉等七位古代貧士。寫貧士而有詩七首、人七位之多，這在古今中外的詩人詩集中還是不多見的，這正是基於陶淵明的特殊偏愛以及寄託自我安貧守志的情懷之需要。

三、詠懷詩

　　陶淵明詠懷詩比較有特色的是一些組詩，它們能聯章而成為一組，較好地表達出詩人的複雜心理。如《飲酒》二十首，寫於歸隱之初，表述醉中的樂趣和對人生的感想；《擬古》九首，反覆申述自己在晉宋之交的衰亂時世中的理想與節守；《雜詩》十二首，是作者晚年對自己人生進行反思的產物。

　　其《飲酒》（十九）云：

　　　　疇昔苦長飢，投耒去學仕。將養不得節，凍餒固纏己。是時向立年，志意多所恥。遂盡介然分，拂衣歸田里。冉冉星氣流，亭亭復一紀。世路廓悠悠，楊朱所以止。雖無揮金事，濁酒聊可恃。

　　對自己的生平進行回顧，表述自己的人生理想。《飲酒》（二十）：

　　　　羲農去我久，舉世少復真。汲汲魯中叟，彌縫使其淳。鳳鳥雖不至，禮樂暫得新，洙泗輟微響，漂流逮狂秦。詩書

復何罪？一朝成灰塵。區區諸老翁，為事誠殷勤。如何絕世下，六籍無一親。終日馳車走，不見所問津。若復不快飲，空負頭上巾。但恨多謬誤，君當恕醉人。

又在自我情懷的抒發中，隱含對社會的不滿與抨擊。其《雜詩》（其二）更是情韻深沉：

　　白日淪西阿，素月出東嶺。遙遙萬里輝，蕩蕩空中景。風來入房戶，夜中枕席冷。氣變悟時易，不眠知夕永。欲言無餘和，揮杯勸孤影。日月擲人去，有志不獲騁。念此懷悲淒，終曉不能靜。

時間是一個不眠的秋夜，主人公是詩人。此時，詩人情愫滿懷，卻欲縱還收，一吐三伸。首先說中夜枕席寒冷，又說不眠而知夜永，季節的交替、時光的流逝，種種感受湧入詩人胸中，最終詩人以「日月擲人去，有志不獲騁」來言志悲懷，深沉而激烈。詩中那素月萬里的境界，實為詩人襟懷的呈露。有志未騁之悲慨，亦是詩人心靈中的一境界，外化的物境與世人內在的心境在詩中自然交融，成為一體，無以區分。

陶淵明的詠史、詠懷之作，明顯地繼承了阮籍、左思詩歌的傳統，又有著陶淵明自己的特點，這就是圍繞著出仕與歸隱這個中心，表現自己不與統治者同流合污的品格。

四、行役詩

陶淵明的行役詩都是他宦游期間的作品，它們有一個共同的主題就是悲嘆行役的艱辛與坎坷，以此表達對仕宦的厭倦，抒發詩人對田園的思念以及歸隱的決心。如：

> 弱齡寄事外，委懷在琴書。被褐欣自得，屢空常晏如。時來苟冥會，踠轡憩通衢。投策命晨裝，暫與園田疏。眇眇孤舟逝，綿綿歸思紆。我行豈不遙，登降千里餘。目倦川塗異，心念山澤居。望雲慚高鳥，臨水愧游魚。真想初在襟，誰謂形跡拘。聊且憑化遷，終返班生廬。（《始作鎮軍參軍經曲阿作》）

> 我不踐斯境，歲月好已積。晨夕看山川，事事悉如昔。微雨洗高林，清飆矯雲翮。眷彼品物存，義風都未隔。伊余何為者，勉勵從茲役。一形似有制，素襟不可易。園田日夢想，安得久離析。終懷在歸舟，諒哉宜霜柏。（《乙巳歲三月為建威參軍使都經錢溪》）

在詩人的旅途中，「望雲慚高鳥，臨水愧游魚」，飛鳥與游魚都是那麼自由自在，無憂無慮，逍遙閒適，生意盎然，而自己卻淪落塵網，陷身官場，與世沉浮，受人羈絆；因此，家鄉的山川、高林、園田，就像醫治詩人扭曲、壓抑心靈的藥石，讓詩人嚮往與依戀。

一般說來，行役詩的主題是悲嘆行役的辛苦，陶淵明的行役

詩不僅承傳了這一內容，更以行役之苦來表達對仕宦的厭倦以及因此勾起的對田園的思念和歸隱的決心，而且這兩種情緒越到後來就越強烈，成為陶淵明行役詩的主要感情基調。陶淵明的行役詩也就成了他走向歸隱的心路歷程的生動展現。

五、贈答詩

　　贈答詩是中國古代詩歌中非常特殊的一類詩型，它特別注重詩人之間詩歌的往來，從而實現他們情感的交流與互動。贈答詩所抒寫的情感十分豐富，相傳為蘇李贈答的詩歌以敘寫離情見長，曹植的《贈白馬王彪》以發抒幽憤著稱，劉楨的《贈從弟》凸顯其高潔的品格，嵇康的《贈秀才入軍》展示詩人瀟灑的情趣。陶淵明的贈答詩和以上幾類一樣，具有自我獨特的風格：真摯的情感、家常的內容、雋永的意味、和緩的語調，使受詩者有如沐春風的感覺。如：

　　　　靄靄停雲，蒙蒙時雨。八表同昏，平路伊阻。靜寄東軒，春醪獨撫。良朋悠邈，搔首延佇。停雲靄靄，時雨蒙蒙。八表同昏，平陸成江。有酒有酒，閒飲東窗。願言懷人，舟車靡從。東園之樹，枝條載榮。競用新好，以怡餘情。人亦有言，日月於征。安得促席，說彼平生。翩翩飛鳥，息我庭柯。斂翮閒止，好聲相和。豈無他人，念子實多。願言不獲，抱恨如何。（《停雲》）

　　　　相知何必舊，傾蓋定前言。有客賞我趣，每每顧林園。談諧無俗調，所說聖人篇。或有數斗酒，閒飲自歡然。我實

幽居士，無復東西緣。物新人惟舊，弱毫多所宣。情通萬里外，形跡滯江山。君其愛體素，來會在何年。（《答龐參軍》）

陶淵明的贈答詩共十三首，其他如《與殷晉安別》《五月旦作和戴主簿》《歲暮和張常侍》《贈羊長史》等，這些詩裡，有歡聚的回顧，有離別的傷感，有淡淡的憂愁，有寂寂的孤獨，也有款款的叮嚀、切切的期盼，語重而情深，極顯其對友人的殷殷之情。

在以上五類題材之外，陶淵明還有一些以闡發哲理為主要內容的作品，如《形影神》《連雨獨飲》《擬挽歌辭》等。這類詩可以歸為玄言詩，但與當時流行的玄言詩有所不同，並非空洞闡說玄虛義理的語言工具，而是將生活中的體驗提煉到哲學的高度。

第三節 ▶ 陶淵明詩歌的藝術特徵

關於陶淵明詩歌的藝術特徵，人們論述頗多。嚴羽《滄浪詩話》稱「淵明之詩，質而自然耳」，朱熹《朱子語錄》也說「淵明詩平淡，出於自然」。這都不失為的評，但僅僅用「平淡」「自然」來評價陶詩，往往使人覺得意猶未盡，因此，我們力圖作一些較為具體的闡說，以求更盡其意。

一、詩中物象與現實生活密切相關

在陶淵明詩中，沒有瑰麗的物象，沒有神奇的想像，也沒有奇特的生活，有的只是榆柳、桃李、種豆、桑麻，還有狗吠、雞鳴等普通的田園景物以及田間勞作、鄰里往來等平凡的日常農村生活，這些物象無一不與詩人的生活密切相關，也是第一次被當作重要的審美對象出現在文人的詩作中。黃文煥《陶詩析義》卷二評道：

> 園田（《歸園田居》）諸首，最有次第。其一為初回，地幾畝，屋幾間，樹幾株，花幾種，遠村近煙何色，雞鳴狗吠何處，瑣屑詳數，語俗而意愈雅。恰見去忙就閒，一一欣快；極平常之景，各生趣味。次言鄉里來往，「相見無雜言」，一切出仕應俗之苦套，不復入耳目矣。三言苗稀草盛，道狹露多，田園亦自有田園之苦況。而願既無違，衣不足惜，自解自嘆，與受俗苦、宦苦，寧受此苦。秤停輕重，較量有致。四言攜子侄問采薪，慨然於鄰里存沒之感。五言獨策復還，荊薪代燭，田園中真景實事，令人蕭然悠然。前三首以入俗之苦，形歸居之樂，此從田園外回頭也；後二首以鄰里之死，形獨游之歡，此從田園中再加鞭也。**24**

張戒《歲寒堂詩話》也評說：

24 黃文煥：《陶詩析義》卷二。

淵明「狗吠深巷中，雞鳴桑樹顛」，本以言郊居閒適之趣，非以詠田園。而後人田園之句，雖極其工巧，終莫能及。[25]

二、詩中物象悠然自得，整齊有序

儘管陶詩擷取的是平常的景物、普通人的生活，但他不是隨意地攝取田園生活的景象，而是把最能引起自己思想感情共鳴、自己體味最深的東西寫到詩中來，這種帶有他濃厚感情色彩的景物，也就最能夠表現他的思想情感。陶淵明在歷次入仕、親眼目睹官場的黑暗後，特別嚮往田園生活的自由平靜，悠然有得。那一束荊條、幾間茅舍、數聲鳥鳴、一把黃菊，都井然有序地存在著，以外化的形式展現著陶淵明「復得返自然」的喜悅。在它們的身上，體現著陶淵明的高潔品德和愛好自由的性格，蘊藏著人生的真諦。像「採菊東籬下，悠然見南山」，「榆柳蔭後簷，桃李羅堂前」，「曖曖遠人村，依依墟里煙」，「狗吠深巷中，雞鳴桑樹顛」，一切都是那麼自然親切，一切都是那麼平和寧靜，顯現著詩人脫離樊籠、重返淨土時的歡樂。

三、景為情設，情景交融

作為文學形式之一的詩歌，其篇幅短小，容量有限。這種文字的限制加大了抒情的難度，它就要求作者惜墨如金，字字珠

---

25 張戒：《歲寒堂詩話》卷上。

機，以有限的景物展示豐富的內涵，以幫助詩人言志抒情。陶淵明詩特別擅長以景代情，以情化景，情景交融，並且陶詩中往往寫的是最平淡的事物，卻能顯示、不平常的詩意，不平常的意境。如青松、秋菊、孤雲、歸鳥，在別人看來都是極平淡的景物，但在陶詩中，它們既是客觀的又是主觀的，既是具象的又是理念的，是詩人主觀感情與個性的外化，它們一經詩人的筆觸，就顯示出雋永的詩意，使人覺得親切，又使人覺得崇高。對此，前人評曰：

　　（《和郭主簿二首》之二）（「露凝無游氛」四句）游氛少則半空無所障蔽，天加一倍矣，山亦加一倍矣。「高」字「聳」字承頂秋意，最為逼觀。（「芳菊開林耀」句）秋來物瘁，氣漸閉塞，林光黯矣；惟此孤芳，足以開景色，而生全林之光輝。（「銜觴念幽人」二句）爾，指松菊。千載之內，幽人不可見，但與此霜傑永訣耳！語傲而慘。（「檢素不獲展」二句）「簡素」，自簡其平素也。曰「不獲展」，又無由訣矣。「竟」字更慘。[26]

　　（《己酉歲九月九日》）此詩亦賦而興也。以草木凋落，蟬去雁來，引起人生皆有沒意，似說得甚可悲。[27]

　　（《飲酒》其八）此借孤松為己寫照也。前六句皆詠孤

26　黃文煥：《陶詩析義》卷二。
27　邱嘉穗：《東山草堂陶詩箋》卷三。

松，偏以連林陪寫獨樹，加倍襯出，近掛又復遠望，與松親愛之甚，無復有塵事羈絆，此生亦不嫌孤矣。[28]

各種景物又成為陶淵明澄懷觀道的媒介：

（《己酉歲九月九日》）王棠曰：「『往燕無遺影』，妙在『遺』字。『哀蟬無留響』，妙在『留』字，皆靜察物理之言。」[29]

此詩純是靜字意境。而程子詩有句云：「春深晝永簾垂地，庭院無風花自飛」……亦非靜者不能見得靜中境界。然此猶皆空摹靜字意境，乃是既靜之後，自然流露出來。究不若靖節之靜察物理，似尤為靠實也。[30]

（《飲酒》其五）通章意在「心遠」二字，真意在此，忘言亦在此。從古高人只是心無凝滯，空洞無涯，故所見高遠，非一切名象之可障隔，又豈俗物之可妄干。有時而當靜境，靜也，即動境亦靜。境有異而心無異者，遠故也。心不滯物，在人境不虞其寂，逢車馬不覺其喧。籬有菊則采之，采過則已，吾心無菊。忽悠然而見南山，日夕而見山氣之佳；以悅鳥性，與之往還，山花人鳥，偶然相對，一片化

28　吳瞻泰：《陶詩匯注》卷三。
29　吳瞻泰：《陶詩匯注》卷三。
30　鐘秀：《陶靖節世紀事詩品》卷二。

機，天真自具。既無名象，不落言筌，其誰辨之？[31]

四、詩歌風格平淡而醇美

陶淵明詩的好處還在於能在平淡的外表下，蘊涵深厚的情感和濃郁的生活氣息，能以樸實無華的語言、平實流暢的筆法，構築極富天然真趣的藝術境界。平淡之中有醇美，是陶詩最重要的藝術風格特徵。對此，前人多有論評：

淵明作詩不多，然其詩質而實綺，癯而實腴，自曹、劉、鮑、謝、李、杜諸人，皆莫及也。[32]

人之為詩，要有野意。蓋詩非文不腴，非質不枯，能始腴而終枯，無中邊之殊，意味自長。風人以來得野意者，惟淵明耳。[33]

皇甫湜曰：「陶詩切於事情，但不文爾。」湜非知淵明者。淵明最有性情，使加藻飾，無異鮑、謝，何以發真趣於偶爾，寄至味於淡然？陳後山亦有是評，蓋本於湜。[34]

詩之佳者，在聲色臭味之俱備，庾、張是也；詩之妙者，在聲色臭味之俱無，陶淵明是也。[35]

31　王士禎：《古學千金譜》。
32　蘇軾：《與蘇轍書》，《東坡續集》卷三。
33　陳知柔：《休齋詩話》魏慶之《詩人玉屑》卷六引。
34　謝榛：《四溟詩話》卷二。
35　陸時雍：《詩鏡總論》。

陶詩的這一風格，源於詩人的秉性真淳，出語自然：

　　陶淵明欲仕則仕，不以求之為嫌；欲隱則隱，不以去之
為高。飢則扣門而乞食，飽則雞黍以迎客。古今賢之，貴其
真也。**36**

　　晉人作達，未必能達。靖節悲歡憂喜出於自然，所以為
達……觀其《詠貧士》《責子》與其他所作，當憂則憂，當
喜則喜，忽然憂樂兩忘，則隨所遇而皆適，未嘗有擇於其
間，所謂超世遺物者。**37**

　　一語天然萬古新，豪華落盡見真淳。南窗白日羲皇上，
未害淵明是晉人。**38**

　　陶彭澤未嘗較聲律，雕文句，但信手寫出，便是宇宙間
第一等好詩。何則？其本色高。**39**

陶詩的醇美在於達到了景與意會、物我合一、物我兩忘的最
高藝術境界：

　　陶潛詩「採菊東籬下，悠然見南山」，採菊之次，偶然

36　胡仔纂集，廖德明校點：《苕溪漁隱叢話》第 15 頁。
37　許學夷著，杜維沫校點：《詩源辯體》，人民文學出版社，1987 年
版，第 106 頁。
38　元好問：《論詩三十首》其四。
39　唐順之：《答茅鹿門知縣》，《荊川先生文集》卷七。

見山，初不用意，而景與意會，故可喜也。**40**

　陶詩「吾亦愛吾廬」，我亦具物之情也；「良苗亦懷新」，物亦具我之情也。**41**

王國維將此標舉為「無我之境」，他認為：

　有有我之境，有無我之境……「採菊東籬下，悠然見南山」，「寒波淡淡起，白鳥悠悠下」，無我之境也。有我之境，以我觀物，故物皆著我之色彩；無我之境，以物觀物，故不知何者為我，何者為物。古人為詞，寫有我之境者為多，然未始不能寫無我之境，此在豪傑之士能自樹立耳。**42**

陶詩的醇美還在於平淡中蘊含有深邃質樸的哲理：

　淵明所說者莊、老，然辭卻簡古。**43**

　淵明避俗未聞道，此是東坡居士云。身似枯株心似水，此非聞道更誰聞。**44**

　東坡嘗拈出淵明談理之詩有三，一曰：「採菊東籬下，

40　胡仔：《苕溪漁隱叢話》引蘇軾語。

41　劉熙載：《藝概》卷二，清同治刻本。

42　王國維：《人間詞話》卷上，徐調孚校注本。

43　朱熹：《朱子語類》卷一百三十六，黎靖德編，明刊本。

44　辛棄疾：《書淵明詩》，鄧廣銘輯校《辛稼軒詩文鈔存》，古典文學出版社，1957年版，第75頁。

悠然見南山。」二曰：「笑傲東軒下，聊復得此生。」三曰：「客養千金軀，臨化消其寶。」皆以為知道之言。予謂淵明不止於知道，而其妙語亦不止是。如云：「縱浪大化中，不喜亦不懼。應盡便須盡，無復獨多慮。」如云：「望雲慚高鳥，臨水愧游魚。真想初在襟，誰謂形跡拘。」如云：「不賴固窮節，百世當誰傳？」如云：「朝與仁義生，夕死復何求？」如云：「及時當勉勵，歲月不待人。」如云：「前途當幾許？未知止泊處。古人惜分陰，念此使人懼。」觀此數詩，則淵明蓋真有得於道者，非常人能蹈其軌轍也。[45]

晉人貴玄虛、尚黃老，故其言皆放誕無實。陶靖節見趣雖亦老子，而其詩無玄虛放誕之語。中如：「縱浪大化中，不喜亦不懼。」「中觴縱遙情，忘彼千載憂。且極今朝樂，明日非所求。」……「鑿舟無須臾，引我不得住。前途當幾許，未知止泊處。」「家為逆旅舍，我如當去客。去去欲何之，南山有舊宅」等句，皆達人超世、見理安分之言，非玄虛放誕者比也。[46]

陶詩平淡之中有醇美還在於語言質直中有工致，平淡中有奇奧，因而聲韻渾成，氣格兼勝：

45　都穆：《南濠詩話》，《歷代詩話續編》本。
46　許學夷著，杜維沫校點：《詩源辯體》第 105、106 頁。

或問：「以《蘭亭》諸詩較靖節，靖節自是當家，然靖節本可謂無意為詩。」曰：渡江後以清談勝，而詩實非所長，故《蘭亭》諸篇僅爾。若靖節，則所好實在詩文，而其意但欲寫胸中之妙耳，不欲效顏、謝刻意求工也。故謂靖節造語極工，琢之使無痕耳既非；謂靖節全無意為詩，亦非也。[47]

靖節詩不可及者，有一等直寫己懷，不事雕琢，故其語圓而氣足，有一等見得道理精明、世事透徹，故其語簡而意盡。[48]

靖節詩有三種：……如「行行循歸路」「自古嘆行役」等篇，則聲韻渾成，氣格兼勝，實與子美無異矣。[49]

古今尊陶，統歸平淡；以平淡概陶，陶不得見也。析之以煉字煉章，字字奇奧，分合隱現，險峭多端，斯陶之手眼出矣。[50]

五、其他風格

陶淵明詩歌並非一律平和自然，淡中有味，亦有一些悲憤萬狀、慷慨熱腸甚至想像奇特之作。悲憤萬狀、慷慨熱腸的如《擬古》九首、《雜詩》十二首等，對此，前人亦有不少評析：

47　《詩源辯體》第 100 頁。
48　《詩源辯體》第 102 頁。
49　《詩源辯體》第 102 頁。
50　黃文煥：《陶詩析義》卷首。

先儒謂靖節退歸後所作，多悼國傷時托諷之語，然不欲顯斥，故以擬古等目名其題云。愚按：此論靖節甚當……且如士衡諸公擬古，皆各有所擬；靖節擬古，何嘗有所擬哉？[51]

《擬古》九首，大抵遭逢易代，感世事之多變，嘆交情之不終，撫時度勢，實所難言，追昔傷今，惟發諸慨。[52]

（《雜詩》）十二首中愁嘆萬端。第八首專嘆貧困，餘則慨嘆老大，屢復不休，悲憤等於《楚辭》，用復之法亦同之……腸太熱，意太壯，故入仕多恨。使從少之時，專意頤養，不問世事，臟腑之間，別是一副心理，又何處可著許多憂愁哉？極愁之後，結以不復言愁，而愁乃愈深。[53]

《雜詩》諸篇，亦《擬古》餘緒。味其聲調，稍近張孟陽兄弟一流。[54]

陶靖節之《讀山海經》，猶屈子之賦《遠游》也。「精衛銜微木，將以填滄海。刑天舞干戚，猛志固常在。」悲痛之深，可為流涕。[55]

《讀山海經》詩，前七章為一類，後五章為一類。正以定哀微詞，莊辛隱語，故托頌慕於前端，寄坎壈於末什。

51　《詩源辯體》第 104 頁。
52　溫汝能：《陶詩匯評》卷四。
53　黃文煥：《陶詩析義》卷四。
54　陳祚明：《采菽堂古詩選》卷十四。
55　王應麟：《困學紀聞》卷十八翁元圻案語。

《擬古》九首，例亦同斯；寓義灼然，寧徒數典？[56]

　　想像奇特的是其《桃花源詩並記》，這是一篇虛構之作，集中體現陶淵明人生理想與社會理想的作品。關於該詩的取材與主題，眾說紛紜。有的認為其取材於實地實事：

　　蓋古桃源實在武陵境內，今則別自名縣矣。然八景亦惟仙景者著稱於世，是固所謂桃源，乃晉漁者逢避秦時人處也。其事陶靖節記甚愁。[57]

有的認為其取材於神仙之事：

　　陶淵明所記桃花源，今武陵桃花觀即是其處。餘……數以問湖、湘間人，頗能言其勝事，云：自晉、宋來，由此上升者六人。山十裡間無雜禽，惟二鳥往來觀中，未嘗有增損。鳥新舊更易不可知，耆老相傳，自晉迄今如此……淵明言劉子驥聞之，欲往不果。劉子驥見《晉書‧隱逸傳》，即劉驎之，子驥其字也。[58]

56　陳沆：《詩比興箋》卷二。
57　吳寬：《送劉武陵詩引》，《匏翁家藏集》卷四十。
58　鄭景望：《蒙齋筆談》。

關於詩的主題，有人認為是憤宋之作：

　　陶淵明作《桃源記》，云源中人自言先世避秦時亂，率
妻子邑人來此絕境，不復出焉……按《宋書》本傳云：「潛
自以曾祖晉世宰輔，恥復屈身後代。自宋高祖王業漸隆，不
復肯仕……」故五臣注《文選》用其語，又繼之云：「意者
恥事二姓，故以異之。」此說雖經前輩所詆，然予竊意桃源
之事，以避秦為言，至云「無論魏晉」，乃寓意於劉裕，托
之於秦，借以為喻耳。[59]

也有人認為其中寄寓有作者的人生理想：

　　時按：《桃花源記》一篇，諸家之解，或以神仙說，或
以寓意說，或以實事實處說，未見一定也。考六朝時，士君
子頗有喜異聞之風，桃花源亦是當時喧傳之異聞，而陶公聆
此，乃為記錄之，取其合自家隱逸之理想，故謂為寓意亦
可，注者以為托避秦以敘避宋之意，是也；謂為事實亦可，
蓋桃源地志所載，而劉子驥亦有其人，吳大澄著《游桃源洞
記》，王先謙尋作其書後，詳征諸史傳，若有所得。苟以神
仙說之，誤甚。[60]

59　洪邁：《容齋三筆》卷十。
60　鄭文焯著，日本橋川時雄校補：《陶集鄭批錄》。

也有人認為其中寄寓作者的社會理想：

（《桃花源詩》）設想甚奇，直於污濁世界中另辟一天地，使人神游於黃農之代。公蓋厭塵網而慕淳風，故嘗自命為無懷、葛天之民，而此記即其寄托之意。如必求其人與地之所在而實之，則鑿矣。[61]

桃源之事，古來說者不一⋯⋯余竊謂靖節先生不應鑿空妄語，意詩中所謂高尋吾契者，亦自謂羲皇上人同其寄托耳。矧男女耕作，秋熟春蠶，依然尋常日用之事，豈與游仙輕舉者同日而道哉！[62]

「一語天然萬古新，豪華落盡見真淳」，元好問的《論詩絕句》道出了陶詩的美感特質。平淡自然，醇美有味，使陶詩在華縟綺靡、貴尚巧似的六朝詩壇獨標一體，深刻地啟迪了後世的詩風。

參考文獻

1. 胡仔纂集，廖德明校點：《苕溪漁隱叢話》，人民文學出版社，一九八一年版。

---

61 邱嘉穗：《東山草堂陶詩箋》卷五。
62 王文治：《自書桃源記》，《快雨堂題跋》卷六。

2. 黃文煥：《陶詩析義》，影印文淵閣《四庫全書》本。

3. 李公煥：《箋注陶淵明集》，《四部叢刊》影印宋刊巾箱本。

4. 陶淵明著，逯欽立校注：《陶淵明集》，中華書局，一九七九年版。

5. 吳瞻泰：《陶詩匯注》，齊魯書社，一九九七年版。

6. 元好問：《遺山先生文集》，四部叢刊本。

第二章

盛唐江西詩歌

在陶淵明一度輝煌之後，江西詩壇沉寂了近三百年，直到初唐時期，江西的詩歌創作在文獻中仍然缺乏記載。進入盛唐，詩的創作進入巔峰狀態，江西的詩歌創作亦相當出色。在唐代殷璠輯撰的盛唐詩歌選本《河岳英靈集》中，共輯錄天寶年間二十四位著名詩人創作的二三四首詩，江西詩人即占三家：綦毋潛、劉眘虛、王季友，錄詩二十四首，其盛況可見一斑。

第一節 ▶ 綦毋潛

在盛唐，江西詩人見諸記載的有綦毋潛、劉眘虛、王季友、陶峴、熊曜、熊暄、余欽七人，其中，綦毋潛、劉眘虛、王季友已走出江西家門，在文壇嶄露頭角。他們的活動與創作，給江西詩壇帶來了春天的氣息。

綦毋潛（約 692-755），字孝通（或作季通），虔州人。開元十四年（726）進士及第，先授宜壽（今陝西周至）縣尉，不久回京，入集賢院待制，任校書郎。天寶初，棄官歸江東。天寶中，再次奉詔入朝，先後任右拾遺、著作郎。《新唐書·藝文志》

載：「（潛）字孝通，開元中由宜壽尉入為集賢院待制，遷右拾遺，終著作郎。」[1]著作郎秩九品，綦母潛「食之無味」，於是瀟灑地棄官而去，還歸江東，王維等人「咸賦詩祖餞，甚榮」。天寶末去世。《全唐詩》錄其詩一卷，共二十六首。

綦母潛與張子容、丘為、孫逖、孟浩然大致同時，可以說是盛唐較早的山水田園詩人。他三進長安，幾度沉浮，因此和張九齡、王維、李頎、儲光羲、盧象等知名詩人都有交往，其中數與王、李、儲三人唱和較多，相知頗深。

綦母潛作品多為送別、寫景之詩，常常以游覽寺院、道觀、山水為題材，有的抒發為仕宦而奔波的牢騷：「時命不將明主合，布衣空染洛陽塵」（《早發上東門》）；有的描繪與山僧、道侶、隱士、詩友一道，尋幽探勝、悟道參禪的世外桃源生活：「人言上皇代，犬吠武陵家」（《若耶溪逢孔九》）。其詩作工於山水，善於表現方外之情和山林孤寂之境，如《題靈隱寺山頂禪院》：

> 招提此山頂，下界不相聞。塔影掛清漢，鐘聲和白雲。
> 觀空靜室掩，行道眾香焚。且駐西來駕，人天日未曛。

詩作從地理位置、景物、氣氛等方面突出了山寺的幽深與靜穆。另外，「松覆山殿冷，花藏溪路遙」（《題鶴林寺》）和「幽

1　歐陽修、宋祁：《新唐書》卷六六，中華書局，2003 年版。

見夕陽霽，高逢暮雨陰」（《登天竺寺》）也是寫寺院景物的佳句。綦毋潛寫景常以清露滴瀝、潭影閃動、苔紋花影等表現潛意識中感知的動靜，進而凸顯清深幽微的意境。

綦毋潛存詩只有二十六首，但與禪有直接關係並在詩題上明確標示的，就在十首以上。如《題招隱寺絢公房》《題靈隱寺山頂禪院》《過融上人蘭若》等。辛文房《唐才子傳》評其詩「善寫方外之情，歷代未有」，[2]「方外之情」，正是綦毋潛詩作棲心釋梵、遠離塵俗的獨特情味。

但綦毋潛畢竟不是真正的沙門或黃冠，所以他又嚮往從「潭影竹間動，岩陰簧外斜」（《若耶溪逢孔九》）的水光山色中去領略「魚樂隨情性，船行任去留」（《題沈東美員外山池》）的人間樂趣，從山水中領悟方外之情，使禪境與仙境從審美觀照的深層次上與山水融合在一起。

在盛唐詩壇，綦毋潛詩頗有影響，王維《別綦毋潛》詩中稱讚他「盛得江左風，彌工建安體」，殷璠《河岳英靈集》稱：「潛詩屹崒峭蒨足佳句，善寫方外之情。至如『松覆山殿冷』，不可多得，又『塔影掛清漢，鐘聲和白雲』，歷代未有。」[3]丁儀《詩學淵源》也說他的詩「間入齊梁，清雅峻潔，絕類晉宋人語」。客觀地看，綦毋潛山水詩中表達的隱逸情趣確實深受陶淵明的影

2　辛文房：《唐才子傳》卷二，古典文學出版社，1957 年版。
3　元結、殷璠選：《唐人選唐詩（十種）》，上海古籍出版社，1958 年版，第 89 頁。

響，但缺乏陶詩的田園風味；在描摹山水方面，有謝靈運、謝朓詩的工致，又比「二謝」詩更富意境和韻味。所以他存詩雖不多，卻與其他詩人一起，共構了盛唐山水田園詩的繁榮局面。

第二節 ▶ 劉眘虛

與綦毋潛同時活躍在盛唐詩壇的江西詩人還有劉眘虛。

劉眘虛（約 702-756），字全乙，號易軒，洪州新吳（今奉新）人，一說靖安人。他八歲就曾向朝廷上書，受到玄宗召見，被封為童子郎；開元二十一年（733）進士及第[4]；再登博學宏詞科，官授崇文館校書郎，三度調任洛陽尉，後改遷夏縣（今屬山西）令。劉眘虛性高逸，不慕榮利，交游多山僧道侶。曾準備在廬山卜宅隱居，未成。天寶末病逝。有《鶺鴒集》五卷，已佚。《全唐詩》錄劉眘虛詩一卷，僅十五首。

劉眘虛性情高古，脫落塵俗，嘯傲山林。與孟浩然、王昌齡友善，常有詩作唱酬。唐人鄭處晦的《明皇雜錄》將其置於「雖有文章盛名，皆流落不偶」[5]的一群開元、天寶詩人中；還有人將他和賀知章、包融、張旭相提並論，稱為「吳中四友」。

劉眘虛的詩歌作品，大多數以抒發他醉情山水、嚮往隱逸的

4　《唐才子傳》作「開元十一年（723）徐徵榜進士」。據徐松《登科記考》，徐徵是開元二十一年（733）狀元，則「開元十一年」當為「開元二十一年」之誤。

5　計有功：《唐詩紀事》，中華書局，1965 年版，第 378 頁。

人生情懷為主，其中並顯示出一個逐漸發展的過程。早年，劉眘虛登上廬山，作《登廬山峰頂寺》，說「雖知真機靜，尚與愛網並。方首金門路，未遑參道情」，傾倒於名山的非凡氣勢，卻以「未遑參道情」表示並不願意遁跡人世的心態。進入長安後，友人閻防寄住在終南山豐德寺讀書，他作《寄閻防》勸慰朋友「應以修往業，亦惟立此身」，仍不甘於過隱淪的寂寞生活。但當他久別家園、歷經仕途坎坷之後，卻屢屢表示「願守黍稷稅，歸耕東山田」（《潯陽陶氏別業》），「望望已超越，坐鳴舟中琴」（《尋東溪還湖中作》），傳達出歸隱的強烈願望。殷璠《河岳英靈集》輯錄的一首題目已散失的《闕題》詩[6]，可以說是他這種心境的代表：

　　　　道由白雲盡，春與青溪長。時有落花至，遠隨流水香。
　　閒門向山路，深柳讀書堂。幽映每白日，清輝照衣裳。

　　此詩歷來為人稱譽。詩作描寫了深山中的一座別墅及其優美環境。全詩句句寫景，通過落花、青溪、山路，營構出一種清靜優美的意境，表現了詩人流連山水的出塵之思。
　　劉眘虛雖往往以塵外之念為繫，卻也重乎情。他詠寫友情的詩作，令人倍覺溫馨。如他與孟浩然的唱和之作《暮秋揚子江寄

6　廖延平：《劉眘虛的〈闕題〉詩有題》認為詩題為《歸桃源鄉》，參見《文學遺產》1985 年第 1 期。

孟浩然》：

> 木葉紛紛下，東南日煙霜。林山相晚暮，天海空青蒼。
> 暝色況復久，秋聲亦何長。孤舟兼微月，獨夜仍越鄉。寒笛
> 對京口，故人在襄陽。詠思勞今夕，江漢遙相望。

　　詩人從京口附近揚子江暮秋時節的肅殺景象緩緩寫起，從迷
茫的景色中道出獨居越鄉的客愁，進而懷想起遠在湖北襄陽的朋
友孟浩然。全詩在結構上層層引進，步步深入，讀來如友人長
談，娓娓深情。劉眘虛和孟浩然交誼甚深，孟浩然去世後，又作
《寄江滔求孟六遺文》，詞意懇摯。

　　劉眘虛詩作在盛唐詩人中獨標一格。殷璠《河岳英靈集》認
為：

> 眘虛詩，情幽興遠，思苦語奇，忽有所得，便驚眾
> 聽……惟氣骨不逮諸公。自永明以還，可傑立江表。**7**

　　殷璠的論述，對劉眘虛詩的特色、地位與不足都作出了較中
肯的評價。

　7　元結、殷璠選：《唐人選唐詩（十種）》，第62頁。

第三節 ▶ 王季友

王季友（714-794），名徽，字季友，號雲峰居士，洪州南昌人，祖籍河南洛陽，生於豫章東湖之濱。王季友幼年家道破落，於是與其兄一同遷到豐城云嶺定居，並用功讀書。在二十二歲時便以「初試第三，複試第一」的成績高中狀元，早於《江西狀元譜》認定的元和十三年（818）狀元盧肇，為江西歷史上有記載的第一位狀元。其後任御史治書。但因厭倦時政，無意與李林甫之輩為伍，不久後返回豐城，在株山腳下的龍澤智度寺設帳授徒，開始了長達二十多年的隱居生活。隱居期間，著有《龍澤遺稿》《四書要注》《六經通義》等作，名氣傳響當時。杜甫、錢起、郎士元等人都與其有唱和之作，唐代大詩人杜甫《可嘆》詩中稱道的「豐城客子」即指王季友。

關於王季友的身世，學界目前亦有不同說法：

一、即筆者上面採用的《江西歷代文學藝術家大全》的說法，它認為，王季友生卒年為七一四至七九四年，舉開元進士，歷任監察御史、御史中丞。

二、《江西文化》著者認為以上觀點不準確。其一，生卒年不可靠，天寶十二年（753）王季友四十歲，與《河岳英靈集》中描繪的「白首短褐」不相符；其二，元結編撰於乾元三年（760）的《篋中集》載王季友諸人「皆以正直而無祿位，皆以忠信而久貧賤」，不可能做到御史中丞這樣的顯要官職。

三、《唐才子傳》舒寶璋注中認為：成書於天寶十二載（753）的《河岳英靈集》謂王季友「白首短褐」，到後來「顯然

已言不副實」。根據孫望《蝸叟雜稿・篋中集作者事輯》記載，天寶十二年（753），王季友崎嶇士林，寶應、廣德間（763年左右）已任司儀郎，廣德、大曆間（765年左右）且為洪州幕客兼監察御史，並為江西觀察使李勉之副使。

比較而言，第三種說法與第一種相近，只是第三種說法指出王季友在天寶以後，「白首短褐」的狀況已有改善。我們可以推斷，王季友早年家境貧寒，他不以貧賤而志短，苦讀不輟，終於成為眾所仰慕的河岳英靈之一。

王季友現存詩不多，《河岳英靈集》收六首，《全唐詩》收十三首。《河岳英靈集》評其詩：「季友詩，愛奇務險，遠出常情之外。」[8]

如抒寫家境困窘之作《贈山兄韋秘書》：

> 山中誰余密，白髮日相親。雀鼠晝夜無，知我廚廩貧。

又如《酬李十六岐》：

> 自耕自刈食為天，如鹿如麋飲野泉。亦知世上公卿貴，且養丘中草木年。

詩中寫雀鼠知貧，如鹿麋般自養，均顯示其高遠疏放之情。

8 元結、殷璠選：《唐人選唐詩（十種）》，第67頁。

此外，王季友還有一些詠史吟物及朋友往來酬答之作，其中《古塞曲》[9]一掃其奇險之風，借漢諷今，以漢代抗擊匈奴來諷喻當朝之忠奸不辨，表達出對社會政治的強烈關注，這是唐代江西詩人中少有的政治詩。詩云：

> 進軍飛狐北，窮寇勢將變。日落沙塵昏，背河更一戰。
> 辟馬黃金勒，雕弓白羽箭。射殺左賢王，歸奏未央殿。欲言
> 塞下事，天子不召見。東出咸陽門，哀哀淚如霰。

王季友與杜甫、岑參等都有交往，他們對王季友的作品與人品多加讚賞。杜甫《可嘆》詩云：「近者抉眼去其夫，河東女兒身姓柳。丈夫正色動引經，豐城客子王季友。群書萬卷常暗誦，孝經一通看在手。」岑參《潼關使院懷王七季友》詩贊道：「王生今才人，時輩成所仰。何當見顏色，終日勞夢想。」

第四節 ▶ 熊曜、熊暄、陶峴等

除綦毋潛、劉眘虛、王季友外，盛唐江西詩人中的兩位洪州（今江西南昌）人熊曜、熊暄也略有詩名。

熊曜（生卒年不詳），曾與達奚珣、王維為友，開元中及

9　殷璠：《河岳英靈集》載為陶翰詩，題為《古塞下曲》，見《唐人選唐詩（十種）》，第69頁。

第，先後任臨清（今山東臨清市）縣尉、冑曹參軍。有詩作《送楊諫議赴河西節度判官兼呈韓王二侍御》：

　　賢哉征西將，幕府多俊人。籌議秉刀尺，話言在經綸。
先鞭羨之子，走馬辭咸秦。庭論許名實，數公當即真。行行
弄文翰，婉婉光使臣。今者所從誰，不聞歌苦辛。黃云蕭關
道，白日驚沙塵。虜寇有時獵，漢兵行復巡。王師已無戰，
傳檄奉良臣。

詩作描繪將軍征西的情景，氣勢磅礴，胸懷開闊，頗具盛唐
風采。

熊暄與熊曜同族，但年齡較小。大歷中進士及第，授秘書省
校書郎。有文集五卷，今已失傳。

陶峴，潯陽柴桑（今江西九江）人，陶淵明第九代裔孫，一
生未仕，自號麇鹿野人、風月散人。開元二年，全家遷至昆山千
燈陶家橋（今屬江蘇），與孟彥深、孟雲卿、焦遂等人為友。陶
峴喜好游覽，足跡踏遍吳越的山水名勝。他曾有女樂一部，善奏
清商之曲。吳越之士號之為「水仙」。浪跡三十餘年，後游襄陽
西寨，歸老於吳。著有《陶真野集》十卷、《風月散人樂府》八
卷。《全唐詩》收錄陶峴詩一首，題為《西塞山下回舟作》。詩
云：

　　匡廬舊業是誰主？吳越新居安此生。白髮數莖歸未得，
青山一望計還成。鴉翻楓葉夕陽動，鷺立蘆花秋水明。從此

舍舟何所詣？酒旗歌扇正相迎。

　　詩作以明快清新的筆調，敘寫浪跡山林的生活，又隱含著詩人久處江湖的感慨。可以說，陶峴的人品和詩風，都一承乃祖陶淵明之餘緒。

參考文獻

　　1. 曹寅、彭定求等：《全唐詩》，中華書局，一九六〇年版。

　　2. 陳伯海主編：《唐詩匯評》，浙江教育出版社，一九九五年版。

　　3. 董誥等：《全唐文》，中華書局影印嘉慶本，一九八三年版。

　　4. 郭紹虞編：《中國歷代文論選》，上海古籍出版社，一九八〇年版。

　　5. 傅璇琮主編：《唐才子傳校箋》，中華書局，二〇〇二年版。

　　6. 計有功：《唐詩紀事》，中華書局，一九六五年版。

　　7. 辛文房：《唐才子傳》，古典文學出版社，一九五七年版。

　　8. 元結、殷璠等選：《唐人選唐詩（十種）》，上海古籍出版社，一九七八年版。

中晚唐江西詩歌

與盛唐江西詩歌創作相較，中晚唐至五代、南唐可稱為一個興盛期，不僅體現為創作隊伍人數的增加，還呈現出區域性徵，產生了聯繫或緊密或鬆散的幾個詩人群體，分別是：贛北詩人群、贛東北詩人群、贛西詩人群。

第一節 ▶ 贛北詩人群

贛北詩人群以洪州為中心。洪州，原為西漢初建立的豫章郡，州治南昌，又稱洪都、鐘陵。隋滅陳後置洪州，治豫章。南昌稱洪州始於此時。唐時改豫章為南昌。

南昌自初唐建立都督府後，就一直成為江西的政治、文化中心。初唐詩人王勃前往海南探親，途經南昌，即興寫出膾炙人口的《滕王閣序》，其中「落霞與孤鶩齊飛，秋水共長天一色」，傳唱一時。盛唐詩人李白於安史之亂前後曾在此安家。孟浩然乘船路過洪州北面的龍岡（今屬南昌新建縣）時，曾寫詩寄贈江西詩人劉脊虛。中唐的戴叔倫、權德輿等都曾任職洪州。晚唐施肩吾、陳陶、貫休等詩人，曾隱居南昌西山，潛心鑽研佛學，廣交

詩友，為江西詩壇培植了有生力量。

在這種濃郁的文化氣氛中，以洪州為中心的贛北作家群應運而生，主要成員有熊孺登、來鵬、來鵠、任濤、孫魴、沈彬等。

熊孺登，洪州鐘陵（今南昌市進賢）人。貞元初，寓居龍沙，與戴叔倫、蕭元植、李兼、權德輿等詩酒唱酬。元和年間（806-820）登進士第，歷任西川、湖南藩鎮從事，輾轉於川、湘、贛之間，與元稹、劉禹錫、白居易友善，時相贈答。白居易《洪州逢熊孺登》、劉禹錫《送湘陽熊判官孺登府罷歸鐘陵，因寄呈江西裴中丞二十三兄》，表達了他們之間的情誼。長慶（821-824）間，復出為湖南藩鎮判官，後卒於任所。熊孺登勤於創作，詩作豐富，而傳於後世的僅存詩集一卷。《全唐詩》錄其詩一卷，共三十首。

熊孺登擅長七絕，以贈答應酬之作居多。有的對遠守邊塞的友人表示寬慰：「蕃客不須愁海路，波神今伏馬將軍」（《寄安南馬中丞》）；有的寫與友人共賞春色的樂趣：「看君倒臥楊花裡，始覺春光為醉人」（《春郊醉中贈章八元》）；有的敘與友人離別時依戀之情：「不知相見更何日，此夜少年堪白頭」（《與左興宗溢城別》）。它們都能針對不同對象，選取最能表現時令特徵的景物，抒發詩人真摯的感情。這一特點，在他的一些描寫羈旅行役、山水田園的詩篇中表現得尤為突出，如：

> 江流如箭月如弓，行盡三湘數夜中。無那子規知向蜀，一聲聲似怨春風。（《湘江夜泛》）

詩作描寫詩人夜航湘江的情景。杜鵑在春風中悲啼，既是實寫，又暗用典故，將詩人長期漂泊、思念家鄉的情懷，渲染得淒楚動人。又：

> 家占溪南千個竹，地臨湖上一群山。漁船多在馬長放，出處自由閒不閒。（《青溪村居二首》其一）
> 深樹黃鸝曉一聲，林西江上月猶明。野人早起無他事，貪繞沙泉看筍生。（《青溪村居二首》其二）

詩作抒寫詩人脫離官場、歸鄉閒居的生活，顯示出詩人心情的閒適及野興的濃厚。

由此可見出，熊孺登七絕詩篇幅短小，卻意蘊豐富；語言平淡，但韻味無窮。這成為其七絕的顯著特徵。

贛北作家群中除熊孺登屬中唐外，其他都生活在晚唐時期。

來鵬、來鵠（生卒年均不詳），據乾隆《南昌府志》記載，他們都是南昌人，鵬為兄，鵠為弟，家境貧寒，住在西湖徐孺子亭邊。二人家貧，工詩，隱居山澤。來鵬主要師法韓柳為文，於大中（847-860）咸通（860-874）間才名顯著，但屢次應試不第。乾符五年（878）前後，入福建觀察使韋岫之幕府，還曾隨韋入蜀。廣明元年（880），黃巢起義軍攻克長安，來鵬流落荊襄一帶，曾作七律《寒食山館書情》，抒寫羈旅愁懷，當時傳為佳作。後南歸，中和（881-884）年間，於貧病交加中客死揚州。來鵠生平不詳，他曾在《聖政紀頌並序》中自稱「鄉校小臣」，可見處境與兄長相差無幾。《全唐詩》未收來鵬作品，只

以來鵠名義錄詩一卷，共二十八首，並在其下注云：「一作鵬。」據今人考證，除《聖政紀頌並序》外，均系來鵬所作。《文苑英華》收錄《儒義說》《隋對女樂論》等古文四篇。

來鵬工詩，尤以七言近體著名。在詩歌內容上，因其懷才不遇，輾轉漂泊，故詩多寫羈旅之思、落魄之感，偶有憤世嫉俗之作。他說自己雖有「若使火雲燒得動，始應農器滿人間」（《題廬山雙劍峰》）的濟世願望，但結果卻是「事關休戚總成空……又將憔悴見春風」（《除夜》），抱負一直無從施展。他又往往於懷才不遇的愁苦之中，夾雜著一絲譏諷與憤慨。有時借描寫「無限旱苗枯欲盡，悠悠閒處作奇峰」（《雲》）的夏雲，影射那些只圖自身享樂、無視百姓死活的統治者；有時以反常的心態、反語的形式，勸導杜鵑「千聲萬血誰哀爾，爭得如花笑不言」（《子規》），議論梅花「占得早芳何所利，與他霜雪助威棱」（《梅花》），從而為自己的遭遇深鳴不平。

在藝術上，來鵬的詩作往往打破前半狀景、後半抒情的傳統格局，景中寓情，景語即是情語；並善於用層層渲染、步步加深的手法，突出詩人主體的情感。如《寒食山館書情》：

> 獨把一杯山館中，每經時節恨飄蓬。侵階草色連朝雨，滿地梨花昨夜風。蜀魄啼來春寂寞，楚魂吟後月朦朧。分明記得還家夢，徐孺宅前湖水東。

詩作句句景，亦句句情，將詩人無所歸依、漂泊他鄉的游子情懷一一寓於孤寒蕭瑟的秋景之中。又如《鄂渚除夜書懷》：

鸚鵡洲頭夜泊船，此時形影共淒然。難歸故國干戈後，欲告何人雨雪天。箸撥冷灰書悶字，枕陪寒席帶愁眠。自嗟落魄無成事，明日春風又一年。

　　詩人在鄂渚（武昌）泊船上度過除夕之夜，因難歸故都長安，只好用筷子在冷灰裡寫「悶」字來遣愁，愁卻遣而不去。詩作以「鸚鵡洲」「冷灰」「寒席」渲寫流落不遇之情，又融入離亂之思，感人至深。善於創造寂寞淒冷的意境，抒發愁苦悲憤的情懷，成為來鵬詩的主要特色。

　　明代詩論家胡應麟在《詩藪》中將來鵬置於不見於唐人典籍而又負有盛名的晚唐落第舉子之首，與李洞、胡曾、張祜、李山甫等人並列。

　　來鵠尤擅長於文，據唐人康駢《劇談錄》載，自大中、咸通之後，每歲試春官者千有餘人，來鵠為「章句有聞，文章著美」而未及第的九位代表之一。他傳世的幾篇文章，受韓愈、柳宗元「文以明道」的影響，往往能針砭時弊，抒發己見。其詩僅《聖政紀頌》一首，全詩如下：

　　三皇不書，五帝不紀。有聖有神，風銷日已。何教何師，生來死止。無典無法，頑肩纍比。三皇實作，五帝實治。成天造地，不昏不圮。言得非排，文德聖齒。表表如見者，莫若乎史。是知樸繩休結，正簡斯若。君誥臣箴，觚編毫絡。前書後經，規善鑑惡。國之大章，如何寢略。嗚呼！貞觀多顲，永徽多俞。廷日發論，殿日發謨。牙孼不作，鳥

鼠不除。論出不蓋，謨行不紆。楹然史臣，蛇然史裾。瞠瞠
而視，逐逐而竅。翹筆當面，決防納污。不梏爾智，不息我
愚。執言直注，史文直敷。故得粲粲朝典，落落廷謇。聖牘
既多，堯風不淺。頌編坦軸，君出臣顯。若儼見旒，若俯見
冕。無閒殿曠廷，無屍安素宴。三皇不亡，五帝不覉。太宗
得之，史焉斯展。暨乎後相圖身，天子專問。我獨以言，史
不得近。丘明見嫌，倚相在擯。秉筆如今，隨班不進。班退
史歸，惘然疇依。奏問莫睹，嘉謨固稀。取彼誥命，祿為國
肥。炯哉時皇，言必成章。德宣五帝，道奧三皇。如何翌
臣，嚙肉嗜盂。觜距磨抉，楅衡拘長。控截僚位，占護陽
光。垣私藩已，遠史庼唐。俾德音嘉訪，默縮暗亡。咽典噤
法，蓋聖籠昌。曷以致此，史文不張。後必非笑，將來否
臧。謂乎殿空辰逸，朝懵廷荒。不知奸蔽，文失汪洋。有貞
觀業，有永徽綱。亦匿匪見，亦寢匪彰。賴有後臣，斯言不
侫。伊尹直心，太甲須聖。事既可書，史何不命。乃具前
欺，大陳不敬。曰逐史之喻，請以物並。且十夫樹楊，一夫
欲競。栽既未牢，摛豈能盛！帝業似栽，逐史似摛。穆宗憮
然，若疚若薔。昔何臣斯，隱我祖正。不傳親問，不寫密
諍。孰示來朝，以光神政。由是天呼震吸，征奔召急。史題
筆來，叱廷而入。端耳抗目，不撟不挹。獬豸側頭，螭虯攎
瀀。握管絕怡，當殿而立。君也盡問，臣也倒誠。磊磊其
事，鏜鏜其聲。大何不顯，細何不明。語未絕緒，史已錄
成。謂之何書，以政紀名。伊紀清芬，可昭典墳。古師官
鳥，昔聖官云。方之我後，錄裡書分。錄有君法，書有君

文。君法君文，在聖政紀云。殿無閒時，廷無曠日。雲諏波訪，倦編刮筆。君劬臣勞，上討下述。惟勤惟明，在聖政紀出。至德何比，至教焉如？孰窺孰測，外夷內儲。謂君有道乎，臣有謨歟？有道有謨，在聖政紀書。一體列秩，同力翼戴。祈福去邪，絕防無礙。國章可披，唐文可愛。善咨不偷，嘉論不蓋。不偷不蓋，在聖政紀載。諒夫！總斯不朽，可懸魏闕。愚得是言，非訕非伐。實謂醫臣渾沌，開君日月。妖物霧死，天文光發。惟我之有頌兮，奚斯躍而董狐蹶。

這是一首四言詩。詩作從當時忽視史臣的現象出發，通過具體論證，強調史臣能起到「當國之鏡，千億代之眉目」的重要作用。此詩透露出來鵠對唐太宗政治風度的嚮往以及他濃厚的史學興趣。

任濤，生卒年均不詳，約唐僖宗廣明中（880 年）前後在世，字不詳，筠州（今江西高安）人。與鄭谷、許棠、張蠙、李棲遠、張喬、喻坦之、周繇、溫憲、李昌符等被譽為「芳林十哲」，又稱「咸通十哲」。任濤少時即有擅章句之名，但僖宗乾符中（877 年前後）曾應數舉，均名落孫山。江西廉訪使李騭非常欣賞任濤的詩才，對他的詩句「露搏沙鶴起，人臥釣船流」讚不絕口，特許免去他的鄉里雜役，且令邑宰加以優禮。不久，濤即去世。當然，我們僅從留下來的這一名聯，確實無法完全說明任濤詩歌造詣的高深。

晚唐、五代時期，有詩人孫魴、沈彬，詩名可與熊孺登、來

鵬等人並提，為贛北作家群的中堅詩人。

　　孫魴，生卒年不詳，字伯魚，出身畫工，南昌人。昭宗天復年間（901-903），詩人鄭谷避亂回鄉，他專程赴宜春向鄭谷學詩，頗得鄭體風味。還與沈彬、李建勳、齊己、虛中等人結為詩社。南唐建國後，他被烈祖李昇召見，授官宗正郎，不久去世。《全唐詩》及《外編》錄詩三十六首。

　　辛文房《唐才子傳》云：

　　　　孫魴，唐末處士也，樂安人。與沈彬、李建勳同時，唱和亦多。魴有《夜坐》詩，為世稱玩。建勳日與談宴，嘗匿魴於齋幕中，待沈彬來，乃問曰：「魴《夜坐》詩如何？」彬曰：「田舍翁火爐頭之語，何足道哉！」魴從幕中出，誚彬曰：「何譏謗之甚？」彬曰：「『畫多灰漸冷，坐久席成痕。』此非田舍翁爐上，誰有此況？」一座大笑。及《金山寺》詩云：「天多剩得月，地少不生塵。」當時謂騷情風韻，不減張祜。有詩五卷，今傳。[1]

　　孫魴一生的仕宦時間很短，多在家閒居。因此，他詩作內容可大體分為山水、詠物兩類。他的山水詩，如：

　　　　寒暄皆有景，孤絕畫難形。地拱千尋險，天垂四面青。

1　辛文房：《唐才子傳》卷七。

畫燈籠雁塔，夜磬徹漁汀。最愛僧房好，波光滿戶庭。（《甘露寺》）

　　輟棹南湖首重回，笑青吟翠向崔嵬。天應不許人全見，長把雲藏一半來。（《湖上望廬山》）

　　有山來便有，萬丈落雲端。霧噴千岩濕，雷傾九夏寒。圖中僧寫去，湖上客回看。卻羨為猿鶴，飛鳴近碧湍。（《廬山瀑布》）

各詩均意境開闊，風格清雄。他的詠物詩則往往以一己之情去觀察所描寫的對象，或把物作為感情的媒介，或賦予物以人的情感，如：

　　意態天生異，轉看看轉新。百花休放豔，三月始為春。蝶死難離檻，鶯狂不避人。其如豪貴地，清醒復何因。（《牡丹》）

　　春綠暗連麥，秋千暮冬鴉。舊鄉曾種得，經亂屬誰家。（《看桑》）

　　深綠依依配淺黃，兩般顏色一般香。到頭裊娜成何事，只解年年斷客腸。（《柳》之十一）

有的清新麗豔，有的感慨萬端，有的則委婉悱惻，各極其致。這種精切地描摹客觀物象，並以此敘寫個人心態意緒的傾向，典型地展現出晚唐詩歌的創作特徵。

　　特別值得一提的是，孫魴還有詞的創作，是最早的江西詞

人。他共留下五首《楊柳枝》詞，以下錄一首：

> 暖傍離亭靜拂橋，入流穿檻綠陰搖。不知落日誰相送，魂斷千條與萬條。

曾與孫魴共結詩社的詩人沈彬（865-961），字子文（《五代詩話》作「子美」），洪州高安（今江西高安）人。少孤，苦學。唐末應進士，多次不第，於是浪跡湖、湘，隱居云陽山十餘年。又游嶺表，約二十年，始還吳中。和詩僧齊己、虛中為詩友。此時南唐李昪鎮金陵，搜羅俊逸儒宿。沈彬應辟，授為秘書郎，以吏部郎中致仕。後又浪跡巴蜀，與韋莊、貫休、鄭光庭等人唱和，唐末徙居宜春。南唐遷都洪州時，李璟以舊恩召見，賜粟帛，官其子。享年九十餘，為長壽詩翁。《全唐詩》及《外編》共錄其詩二十八首。

陸游《南唐書》卷七載：

> 沈彬，洪州高安人，唐末，浪跡湖湘，隱云陽山，好神仙，喜賦詩，句法清美。烈祖輔吳，表授秘書郎，與元宗游。俄懇求還山，以吏部郎中致仕。元宗遷南都，彬年八十余，來見，曰：臣久處山林，不預世事。臣妻曰：君主人郎君，今為天子，何不一往。臣遂忘衰老而來。元宗命母拜，厚賜粟帛，以其子為秘書省正字，彬先歲嘗策杖郊原，手植一樹識之，語其子曰：吾當藏骨於此。及卒，伐樹掘地，至丈餘，得一石槨，制作精麗，光潔可鑑。蓋上有篆云，開成

二年壽椰。舉棺就之，廣袤中度。[2]

沈彬經歷過不少的人世滄桑，世事變換，正如其《納省卷贈為首劉象（第三舉）》詩所云：

> 曾應大中天子舉，四朝風月鬢蕭疏。不隨世祖重攜劍，卻為文皇再讀書。十載戰塵銷舊業，滿城春雨壞貧居。一枝何事於君借，仙桂年年幸有餘。

詩題特意標示的「第三舉」已將無限感慨俱寓其中，詩句「四朝風月鬢蕭疏」「滿城春雨壞貧居」更令人歔欷不已。因此，沈詩內容較廣泛，現實性較強。這突出地體現在其以樂府為題的邊塞詩中。如《塞下三首》：

> 塞葉聲悲秋欲霜，寒山數點下牛羊。映霞旅雁隨疏雨，向磧行人帶夕陽。邊騎不來沙路失，國恩深後海城荒。胡兒向化新成長，猶自千回問漢王。
> 貴主和親殺氣沉，燕山閒獵鼓鼙音。旗分雪草偷邊馬，箭入寒雲落塞禽。隴月盡牽鄉思動，戰衣誰寄淚痕深。金釵謾作封侯別，劈破佳人萬里心。
> 月冷榆關過雁行，將軍寒笛老思鄉。貳師骨恨千夫壯，

2 陸游：《陸放翁全集》，中國書店，1986 年版。

李廣魂飛一劍長。戍角就沙催落日，陰雲分磧護飛霜。誰知漢武輕中國，閒奪天山草木荒。

詩中深深地寓含詩人對邊防廢弛、戰禍將萌的憂慮。他的邊塞詩中還有諷喻朝廷耽於享樂、賞罰不公的「謗書未及明君爇，臥骨將軍已歿功」（《入塞二首》其一），「功多地遠無人紀，漢閣笙歌日又曛」（《入塞二首》其二）；有描繪沙場艱苦、戰爭慘烈的「陣雲黯塞三邊黑，兵血愁天一片紅」（《入塞二首》其一），「鳶䶂敗兵眠白草，馬驚邊鬼哭陰雲」（《入塞二首》其二）等，將邊塞軍中生活的方方面面較為完整地展現出來，風格悲涼淒壯。其七絕《弔邊人》詩，尤為後人傳誦：

殺聲沉後野風悲，漢月高時望不歸。白骨已枯沙上草，家人猶自寄寒衣。

大戰後滿是屍體的戰場、營房中焦急等待的戰友、戰場上累累的枯骨、千里之外不知死訊的家人，一幅幅畫面組接起來，將戰場的淒慘刻畫得淋漓盡致；而兩兩相應的對比，又產生出悲涼、淒婉的藝術效果，飽含著詩人對戰死沙場的士兵及其家鄉親人的無限同情。

楊慎《升庵詩話》評其《弔邊人》云：

此詩亦陳陶之意，仁人君子觀此，何忍開邊以流毒萬姓

乎！[3]

又評其《入塞詩》云：

> 唐沈彬有詩二卷，舊藏有之。其《入塞》詩云：「年少
> 辭鄉事冠軍，戍樓閒上望星文。生希沙漠擒驕虜，死奪河源
> 答聖君。鳶覷敗兵眠血草，馬驚冤鬼哭愁雲。功多地遠無人
> 紀，漢閣笙歌日又曛。」此言盡邊塞之苦。[4]

沈彬的邊塞詩，繼承了盛、中唐邊塞詩的部分傳統，但更顯
得低沉悲涼，染上了日落西山的時代色彩。

第二節 ▶ 贛東北詩人群

與贛北詩人群活躍在江西詩壇的同時，贛東北也存在一個詩
人群體，這個群體以信州（今江西上饒）為中心，成員主要有吉
中孚、吳武陵、王貞白等，人數及詩作數量均不多，其成就也較
贛北詩人群遜色。其中，吉中孚、吳武陵、王貞白的詩歌創作較
有特色，影響較大。

---

3 楊慎著，王仲鏞箋證：《升庵詩話箋證》，上海古籍出版社，1987 年
　　版，第 334 頁。
4 《升庵詩話箋證》第 335 頁。

吉中孚（？-786），字不詳，鄱陽（今江西鄱陽縣）人，一說楚州（今江蘇淮安）人，大歷十才子之一。初為道士，後還俗。至長安，謁宰相。有人薦於天子，日與王侯高會，名動京師。未幾，進士及第，授萬年尉，除校書郎。又登宏辭科，為翰林學士。歷諫議大夫、戶部侍郎、判度支事。吉中孚工詩，與盧綸、錢起等齊名，有詩集一卷。妻張氏，亦工詩。

關於其籍貫，《中國文學家大辭典·唐五代卷》（中華書局版）在「吉中孚」詞條中說系楚州人。但《全唐詩》注云：

> 吉中孚，鄱陽人。大歷十才子之一。始為道士，後官校書郎，登宏辭。興元中，歷翰林學士、戶部侍郎。詩一卷，今存一首。[5]

《舊唐書》卷一六三《盧簡辭傳》亦載：

> （簡辭）父綸，天寶末舉進士，遇亂不第，奉親避地於鄱陽，與郡人吉中孚為林泉之友。[6]

則吉中孚為江西鄱陽人之說較為準確。

吉中孚神骨清虛，吟詠高雅，《唐才子傳》載其赴京都後詩

5　彭定求等編：《全唐詩》卷二九五，中華書局，1960年版。
6　劉昫等撰：《舊唐書》卷一六三，中華書局，1975年版。

名大作。盧綸《送吉中孚校書歸楚州舊山》詩贊曰：

　　　　舊籙藏雲穴，新詩滿帝鄉。名高閒不得，到處人爭識。

　　關於其作品，《新唐書・藝文志》曾著錄有一卷，已散失。現僅存《送歸中丞使新羅冊立吊祭》詩一首，其云：

　　　　官稱漢獨坐，身是魯諸生。絕域通王制，窮天向水程。島中分萬象，日處轉雙旌。氣積魚龍窟，濤翻水浪聲。路長經歲去，海盡向山行。復道殊方禮，人瞻漢使榮。

　　這是一首送別國使的餞行詩。新羅是朝鮮半島上的一個國家，唐代宗永泰元年（765）新羅景德王卒，惠恭王繼位，代宗於大曆元年（766）派遣倉部郎中、御史中丞歸崇敬赴新羅充任吊祭、冊立使者。吉中孚與歸中丞是好友，於是寫下這首壯行詩。詩中「絕域通王制」「人瞻漢使榮」，說明當時新羅王室得到唐朝的吊祭、冊立是一件重大的國事，新羅人民也以一睹漢使的風采為榮。詩作格律規整，字句精工，並且寄情山水，詠頌了漢家的王化，反映了中朝人民的友好往來。詩中充滿了奇幻的色彩，是一篇別具風格的送別佳作。

　　吳武陵（？-834），初名侃，信州貴溪（今江西上饒市貴溪縣）人，祖籍河南濮陽。元和二年（807）登進士第，拜翰林學士。次年，因得罪權貴李吉甫流放永州，與貶為永州司馬的柳宗

元相遇，兩人結為摯友。元和七年（812），吳武陵遇赦北還，柳宗元不在赦歸之列。吳武陵北歸後，曾主管朔方鹽務，不久充任桂管觀察副使。太和元年（827），回京任太學博士，後出為韶州（今廣東韶關）刺史，被政敵構陷貪贓罪名，貶任潘州（今廣東高州）司戶參軍，太和八年（834）卒於任上。一生坎坷，無異於柳宗元。

吳武陵與柳宗元的友誼，很令人感慨。兩人在永州相聚時間長達四年之久，來往甚密。吳武陵復歸長安後，曾向宰相裴度、工部侍郎孟簡致信，陳述柳宗元的不幸，希望將柳宗元從邊地調回，改變境遇。誰知正當事情稍有眉目之時，柳宗元已病逝柳州，成為吳武陵的終生遺憾。在《柳宗元集》中，涉及吳武陵的詩文就有《貞符（並序）》《復吳子松說》《同吳武陵送杜留後詩序》《同吳武陵贈李睦州詩序》《小石潭記》《答吳武陵論〈非國語書〉》《初秋夜坐贈吳武陵》《零陵贈李卿元侍御簡吳武陵》等。

吳武陵的創作，《新唐書・藝文志》著錄有文一卷、詩一卷，《十三代史駁議》十二卷。但大都散失，詩作僅存三首。他的詩流傳雖少，卻很有特色。如：

> 拂檻愛貞容，移根自遠峰。已曾經草沒，終不任苔封。葉少初陵雪，鱗生欲化龍。乘春濯雨露，得地近垣墉。逐吹香微動，含煙色漸濃。時回日月照，為謝小山松。（《貢院樓北新栽小松》）
>
> 雀兒來逐颺風高，下視鷹鸇意氣豪。自謂能生千里翼，黃昏依舊委蓬蒿。（《題路左佛堂》）

前首描繪孤高自潔的小松，後者刻畫一群得志輕狂的小雀，寓含詩人冷眼視世俗小人的態度，體現出其志存高遠的心胸及不阿附奸佞的節操。

王貞白（875-？），字有道，信州上饒（今江西上饒縣）人，一作信州永豐（今江西廣豐）人。唐昭宗乾寧二年（895）進士，七年後，才授職校書郎。天復二年（902），宣武節度使朱全忠帶兵進犯長安，王貞白辭官歸田，在西山（今廣豐中學內）建「山齋」，傳道授業，並常與方干、鄭谷、貫休等人同游唱和，南唐初卒於家鄉。

辛文房《唐才子傳》記：

　　王貞白，字有道，信州永豐人也。乾寧二年登第。後物議紛紛，詔翰林學士陸扆於內殿覆試，中選，授校書郎，時登科後七年矣。鄭谷以詩贈曰：殿前新進士，闕下校書郎。初，蘭溪僧貫休雅得名，與貞白所居相去不遠而未會，嘗寄《御溝詩》，有云：此波涵帝澤，無處濯塵纓。後會，語及此，休曰：剩一字。貞白拂袂而去。休曰：此公思敏，當即來。休書字於掌心，逡巡，貞白還曰：『此中涵帝澤如何？』休以掌示之，無異所改，遂訂深契。後值天王狩於岐，乃退居著書，不復干祿，當時大獲芳譽。性恬和，明《易象》。手編所為詩三百篇及賦、文等，為《靈溪集》七卷，傳於世。卒葬家山。貞白學力精贍，篤志於詩，清潤典雅，呼吸間兩獲科甲，自致於青雲之上，文價可知矣。深惟存亡取舍

之義，進而就祿，退而保身，君子也。梁陶宏景棄官隱居三茅，國事必咨請，稱山中宰相，號貞白。今王公慕其為人而云爾。[7]

辛文房對他的為人、為詩都評價較高。他自編的《靈溪集》七卷已佚，《全唐詩》及《外編》共收詩七十八首。

王貞白詩作內容豐富，題材廣泛，其中邊塞詩和詠懷詩尤為出色，充分體現了他的創作個性。王貞白在初登第授職之間的七年中，曾隨軍出塞抵禦外敵，因此寫下了很多邊塞詩，有不少反映邊塞生活、激勵士氣的佳作。如《塞上曲》：

歲歲但防虜，西征早晚休。匈奴不繫頸，漢將但封侯。夕照低烽火，寒笳咽戍樓。燕然山上字，男子見須羞。

又《入塞》：

玉殿論兵事，君王詔出征。新除羽林將，曾破月支兵。慣歷塞垣險，能分部落情。從今一戰勝，不使虜塵生。

詩中對軍旅之勞、戰爭景象描寫得氣勢豪邁、色彩濃烈、音調鏗鏘，其中的征戍之情，深切動人。王貞白邊塞詩和沈彬邊塞

7　辛文房：《唐才子傳》卷七。

詩一樣，多用樂府舊題，並且重視協律。但在內容上，王貞白在描繪險惡環境、渲染戰爭殘酷的同時，更多地繼承了舊題樂府中報君恩、立邊功的主題，透露出對勝利的期待與嚮往。

相對地，王貞白詠懷詩在形式上較為多樣，抒發的思想感情也更加複雜。如《有所思》（一作《長相思》）：

> 芙蓉出水時，偶爾便分離。自此無因見，長教掛所思。
> 殘春不入夢，芳信欲傳誰。寂寞秋堂下，空吟小謝詩。

《短歌》：

> 物候來相續，新蟬送晚鶯。百年休倚賴，一夢甚分明。
> 金鼎神仙隱，銅壺晝夜傾。不如早立德，萬古有其名。

《白鹿洞》（其一）：

> 讀書不覺已春深，一寸光陰一寸金。不是道人來引笑，
> 周情孔思正追尋。

第一首抒寫別離之苦、思念之情；第二首以節序變換感慨人生苦短；第三首由其潛心讀書，忘記了季節變化，而發出惜時之慨嘆，其中「一寸光陰一寸金」，為人們所傳頌。其他還有表達報效朝廷的濟世之志的「朝宗本心切，願向急流傾」（《御溝水》）；感嘆興亡往事，隱喻國運衰落的「石城幾換主，天塹漫

連空」（《金陵懷古》）；等等，都寫出了詩人的種種真實情懷，並往往將豐富的情感寓含在景物的抒寫之中，達到情與景的交融。

第三節 ▶ 贛西詩人群

以袁州（今宜春）為中心的贛西詩人群，在中晚唐江西詩人群中是人數最多、成就最高、影響最大的。

袁州是中晚唐以來南方重要的文學家聚居地之一。據統計，中晚唐袁州籍的進士數量僅次於江浙而位居全國前列，詩人多[8]，詩歌也有相當數量，有的詩人在全國範圍內都有較大的影響，如盧肇、易重、黃頗、袁皓、鄭史、鄭啟、鄭谷、彭伉及其妻張氏、王轂、楊夔、李潛、唐廩、虛中、劉松、伍唐珪、蔣肱等。劉松編選的《宜陽集》，共收天寶以後袁州數十位詩人的作品四百餘篇，是贛西詩人群的成果匯編。

晚唐間，有鄭史、鄭啟、鄭谷號為「鄭氏三父子」，享譽文壇。父親鄭史為詩賦家，歷官永州刺史、國事博士。其子鄭啟亦有詩名。三人中最著名的是列入「咸通十哲」之一的鄭谷，人稱「鄭鷓鴣」，又稱「鄭都官」，在唐末直至宋代都有較大影響，在贛西詩人群中，他無疑居於實際領袖的地位。

鄭谷（約 851-910），字守愚，袁州（今江西宜春）人。咸

---

8 陳正祥：《中國文化地理》，三聯書店，1983 年版，第 23 頁。

通十一年（870）參加京兆府試，與張喬、許棠等同列「咸通十哲」。此後他屢試屢敗，直到光啟三年（887）柳玭主試才以第八名擢第。大順二年（891），鄭谷釋褐官鄠縣尉。景福二年（893），升任右拾遺。乾寧三年（896），任補闕。乾寧四年，官都官郎中。天復四年（904）前後，鄭谷辭官歸鄉，約於後梁開平四年（910）前後卒。其生平事蹟見《郡齋讀書志》卷四、《唐才子傳》卷六、《四庫全書總目》卷一百五十一等。

　　鄭谷有詩《雲台編》三卷、《宜陽外編》一卷，已散亂。今其詩集有宋蜀本《鄭守愚文集》三卷（即今《四部叢刊》本），詩276首；明嘉靖乙未嚴嵩刻本《雲台編》三卷（即今《豫章叢書》本），詩290首；唐音戊籤本鄭谷詩，詩325首；全唐詩稿本鄭谷詩，詩324首；席啟寓《唐百家名集》本鄭谷詩三卷，詩299首；《全唐詩》本鄭谷詩四卷，詩325首。其他諸書於鄭谷詩亦多有著錄，如《佩文齋廣群芳譜》錄其詩48首，《古今事文類聚》錄其詩58首，《山堂肆考》錄其詩29首，《淵鑑類函》錄其詩39首，《文苑英華》錄其詩147首，《萬首唐人絕句》錄其詩79首，《唐詩品匯》錄其詩18首，《蜀中廣記》錄其詩22首，《全蜀藝文志》錄其詩10首，《石倉歷代詩選》選錄其詩52首，《佩文齋詠物詩選》選錄其詩69首。此外，今人趙昌平等的《鄭谷詩集箋注》、傅義的《鄭谷詩集編年箋注》等，是目前所見較為詳備的箋注本鄭詩集，可資參考。

　　鄭谷一生的經歷和創作都烙上了深深的時代印跡。其一生坎坷多難，既有游學、應舉的經歷，又備嘗顛沛流離、漂泊徙轉之艱苦，故詩歌常於個人愁怨中融進時世悲涼，在國家時代的災難

與自己個人多廩的身世結合中抒寫對患難時代的感傷，而其閒暇時所作寫景詠物、感懷酬唱的詩也寫得清婉曉暢、雅俗共賞。

　　鄭谷少年聰慧，自稱「七歲侍行湖外去，岳陽樓上敢題詩」（《卷末偶題三首》其二），並受到馬戴、李朋的勉勵，後來又得到李頻、薛能的賞識，故其在詩藝上自視甚高，曾云：「一卷疏蕪一百篇，名成未敢暫忘筌。何如海日生殘夜，一句能令萬古傳」（《卷末偶題三首》其一），其致力於詩歌創作之「野心」於此可見一斑。鄭谷試圖拯救唐末詩歌整體過於重視聲律而輕思想內容之詩風，曾在《雲台編自序》中自評己詩：「雖屬對聲律未暢，而不無旨諷」[9]，可知他不喜格律卻重「旨諷」，在詩歌反映社會現實方面傾注了不少心力。

　　《宋史・藝文志》載鄭谷曾有《國風正訣》一卷，是書今雖已佚失，但今存鄭谷集中尚可見鄭谷提倡「騷雅」之傾向，其《卷末偶題三首》（其三）云：「一第由來是出身，垂名俱為國風陳。此生若不知騷雅，孤宦如何作近臣」，《寄贈楊夔處士》詩云：「國步未安風雅薄，可能高尚仰天才」，《靜吟》一詩亦云：「騷雅荒涼我未安，月和餘雪夜吟寒」，無不明確表示其對盛唐格調的推崇和要求繼承風雅傳統的態度。與其尚「騷雅」一脈相承，鄭谷在詩中喜表現自己對於國家命運的憂慮，對於民生疾苦的關懷，如其「風騷如線不勝悲，國步多艱是此時」（《讀前集

9　鄭谷撰，傅義校注：《鄭谷詩集編年校注》，華東師范大學出版社，1993 年版，第 1 頁。

二首》）、「縉紳奔避復淪亡，消息春來到水鄉。屈指故人能幾許，月明花好更悲涼」（《黯然》）、「承時偷喜負明神，務實那能得庇身。不會蒼蒼主何事，忍飢多是力耕人」等等，均可見其關心時局、憂慮天下的情懷。

鄭谷詩歌不乏傳世者，如其《鷓鴣》詩：

> 暖戲煙蕪錦翼齊，品流應得近山雞。雨昏青草湖邊過，花落黃陵廟裡啼。游子乍聞征袖濕，佳人才唱翠眉低。相呼相應湘江闊，苦竹叢深春日西。

此詩當寫於其落第南游之際，詩中滿是傷感迷惘之情。詩人將個人愁緒投射於鷓鴣之上，又以鷓鴣之哀音發自我之悲涼，胸有寄托，筆有遠情，深得詠物詩之妙，故《唐詩繹》評此詩「無一筆呆賦，而渲染友情，神情欲絕」[10]，金聖嘆評此詩「深得比興之道」[11]，這也為鄭谷贏得了「鄭鷓鴣」的稱謂。當時有所謂「鄭谷詩壇愛惹僧」之說，鄭谷與僧多有交往，今其集中明確寫有僧字四十六處，另有名句云：「詩無僧字格還卑」（《自貽》）、「老郎心是老僧心」（《春陰》）等，後其愛僧與宋初魏野之愛鶴齊名。此外，鄭谷的「數聲風笛離亭晚，君向瀟湘我向秦」（《淮

10 楊逢春：《唐詩繹》，見陳伯海主編《唐詩匯評》，浙江教育出版社，1995 年版，第 2852 頁。

11 金聖嘆：《貫華堂選批唐才子詩》，江蘇古籍出版社，1986 年版，第452 頁。

上與友人別》）、「春陰妨柳絮，月黑見梨花」（《旅寓洛南村舍》）、「自緣今日人心別，未必秋香一夜衰」（《十日菊》）、「座中亦有江南客，莫向春風唱鷓鴣」（《席上貽歌者》）等詩句精巧工整，別有意趣，亦皆有名。

身處晚唐，鄭谷詩歌自不免受到晚唐流行的姚賈、溫李、元白三大詩風影響。大抵而言，其五律多學姚合、賈島，好苦吟，喜煉字句，多姚合式的閒淡意象；其七言絕句多學元稹、白居易，好用俗語，多淺切，詩句中喜用疊字格；其排律則多學溫庭筠、李商隱，好用典使事，喜用鮮豔色彩。總體來看，鄭谷詩歌呈現出清婉、淺切、悲涼的特點。前人論鄭谷詩風者頗多，大抵譽之者謂其詩「清婉明白，不狎不野」[12]，斥之者則謂其詩「格韻繁猥，語句浮俚不競，不為議者所多」[13]。統觀之，和晚唐一些名家相比，鄭谷詩雖在深度、氣格等方面有所遜色，但是，在晚唐末世之際，他始終堅持吟詠自我性情，追求藝術技巧，在異彩紛呈而又日益衰颯的晚唐詩壇上，依然不失為一個別具風貌、自成一家的詩人。故在晚唐諸人之中，鄭谷可稱佼佼，一如《四庫全書總目·雲台編提要》所云：「往往於風調之中獨饒思致，汰其膚淺，擷其菁華，固亦晚唐之巨擘矣。」[14]

鄭谷當時即享有較大詩名，其詩在唐末宋初階段的影響極

12　祖無擇：《鄭都官墓表》，《龍學文集》卷九，文淵閣《四庫全書》本。

13　晁公武：《郡齋讀書志》卷四（中），文淵閣《四庫全書》本。

14　紀昀等：《四庫全書總目》，中華書局，1965 年版，第 1301 頁。

大，從其學詩者不乏其人。《唐才子傳》載有所謂「一字師」事：「齊己攜詩卷來袁謁谷，《早梅》云：『前村深雪裡，昨夜數枝開。』谷曰：『數枝非早也，未若一枝佳。』己不覺投拜曰：『我一字師也！』」[15]除齊己外，黃損、孫魴等皆從鄭谷學詩，後皆有所成就。

盧肇（818-882），字子發，袁州文標鄉（今分宜縣楊橋鄉觀光村）人。少時家貧，然勤奮好學：「為業之初，家空四壁，夜無蠟燭則睡。恨冥頑，亦嘗是刺」[16]，文思敏捷，過目不忘，初就讀於修仁鄉經館，後入府學就讀。通易經，以才見著。時李德裕為袁州長史，盧肇以文投之，德裕大加賞識。後肇入京會試，「德裕復相位，見肇至，喜曰：『吾喜為金榜得狀元矣』，遂魁天下」[17]，盧肇因此成為江西歷史上記載的第一位狀元。初入仕，充任鄂岳節度使盧商從事，「未嘗奔走形勢之途」，兼以牛李黨爭故，為外辟小吏凡二十年。咸通三年（862），得江陵節度使贈太尉裴休、太原節度使贈佐僕射盧簡求等推薦，由潼關防禦判官調秘書省著作郎。同年八月，擢倉部員外郎，充集賢院學士。咸通四年，以朝散大夫持節歙州諸軍事守任歙州刺史，五年，賜金印紫綬。咸通七年，任滿回鄉候選。此後歷任宣州、池州、吉州刺史。中和四年（884）卒於吉州任所。其生平事蹟可見《宜

15 辛文房：《唐才子傳》，卷九。
16 盧肇：《進海潮賦狀》，見《唐文粹》卷五，文淵閣《四庫全書》本。
17 晁公武：《郡齋讀書志》卷五。

春縣志‧藝文志》《分宜縣志‧藝文志》《袁州府志‧藝文志》《新安志‧藝文志》《江西通志》卷一百五十九、《方輿覽勝》卷十九、《明一統志》卷五十七、《大清一統志》卷二百五十二、《江南通志》卷七十二、《郡齋讀書志》卷五、《說郛》卷四十四、《萬姓統譜》卷十一、《唐摭言》卷三、《北夢瑣言》卷三、《全唐詩》卷五百五十一、《唐詩紀事》卷六十六等。

盧肇以文著稱，其最有名者為《海潮賦》，懿宗曾評曰：「盧肇文學優贍，時輩所推，窮測海潮，出於獨見，徵引有據，圖象甚明，足成一家之言，以祛千載之惑。其宜宣付史館。」[18]盧氏勤於著述，有《俞豐集》十卷、《文標集》三卷、《大統賦》二卷、《盧子史錄》四卷、《逸史》三卷。其集多佚，較為完整者，有《全唐詩》卷五百五十一所錄詩一卷，清刻本《文標集》三卷、補遺一卷，豫章叢書本《文標集》三卷，《袁州二唐人集》所錄之《文標集》三卷、補遺一卷，《叢書集成續編》卷一百二十三所錄《文標集》三卷、補遺一卷，今人龔杏根之《盧肇集校注》。

盧肇詩數量不算多，成就亦平平。但其詩或反映社會現實生活，或吟詠性情，或寫景狀物，或酬唱應和，語言自然質樸而不乏典雅生動，風貌獨具且個性鮮明。其代表作首推《漢堤詩》，詩曰：

18　盧肇：《進海潮賦狀》，見《唐文粹》卷五。

陰沴奸陽，來暴於襄。泊入大郭，波端若鋩。觸厚摧高，不知其防。駭潰顛委，萬室皆毀。灶登蛟鼉，堂集鱣鮪。惟恩若饑，母不能子。洪潰既涸，闃闐其虛。以隳我堵，以剝我廬。酸傷顧望，若踐丘墟。帝曰念嗟，朕日南顧。流災降愿，天曷台怒。滔滔襄郊，捽我嬰孺。於惟餘甿，飢傷喘呼。斯為淫瘬，孰往膏傅。惟汝元寮，僉舉明哲。我公用諧，苴茅杖節。來視襄人，噢咻提挈。不日不月，咍乎抃悅。乃泳故堤，陷於沙泥。缺落坳圮，由東訖西。公曰嗚呼，漢之有堤。實命襄人，不力乃力。則及乃身，具鍤與畚。漢堤其新。帝廩有粟，帝府有緡。爾成爾堤，必錫爾勤。襄人怡怡，聽命襄滸。背囊肩杵，奔走蹈舞。分之卒伍，令以麾鼓。尋尺既度，日月可數。登登業業，周旋上下，披峴斫楚。飛石挽土。舉築殷雷，駭汗霏雨。疲癃鰥獨，奮有筋膂。呀籲來助，提筐負筥。不勞其勞，雜沓笑語。咸曰盧公，來賜我生。斯堤既成，蜿蜿而平。碻爾山固，屹如雲橫。漢流雖狂，堅不可蝕。代千年億，與天無極。惟公之堤，昔在人心。既築既成，橫之於南。萌渚不峻，此門不深。今復在茲，於漢之陰。斯堤已崇，茲民獲佑。齯童相慶，室以完富。貽於襄人，願保厥壽。繄公之功，赫焉如畫。捍此巨災，崒若京阜。天子賜之，百姓載之。族孫作詩，昭示厥後。

是詩前有長序，可知其欲贊「范陽盧公」救災之功，故以「聲詩播之，登於樂府」。此詩頗有其賦之風，規模宏大，鋪陳

排比，描寫生風。狀洪水之洶湧則「觸厚摧高」「駭潰顛委」；哀民生之艱難則「萬室皆毀」「飢傷喘呼」；狀軍民之勞作則「飛石挽土」「駭汗霏雨」；誇堤築之功成則「碻爾山固」「屹如雲橫」。全詩採用四言，不僅貼近現實，而且用詞典重，頗具古風，堪稱佳作。

盧肇另有《及第後江寧觀競渡寄袁州刺史成應元》一詩頗為著名：

> 石溪久住思端午，館驛樓前看發機。鞞鼓動時雷隱隱，獸頭凌處雪微微。沖波突出人齊嗾，躍浪爭先鳥退飛。向道是龍剛不信，果然奪得錦標歸。

此詩寫於盧肇中舉之後，是其回顧當初與黃頗一起赴京趕考前與自己狀元及第之後袁州刺史待其前倨後恭、態度迥異一事有感而發之作。詩中將龍舟競渡奪標與科舉相提並論，不僅表明了自己勤奮好學、自強不息的精神，流露出自己中榜後的志得意滿，而且暗含了對阿諛奉承之輩的諷刺之情和對人情世故的深沉慨嘆，巧妙地反映了當時官場的現實。全詩刻劃逼真，比喻貼切，可謂別有慧眼，匠心獨具。他如《聳翠峰題石》《題甘露寺》等詩，想像奇特，意境開闊，尚可窺見少許盛唐面目，實屬難得。

在唐代詩歌史上，盧肇地位並不高，但他以自己的高潔品性及詩文才智在宜春文人中享有盛譽。

王轂，字虛中，號臨沂子，宜春人。轂少時即以氣節著稱，

輕財重義，為鄉里所譽。乾寧五年（898）舉進士、歷國子博士，終尚書郎。其生平事蹟可見《新唐書・藝文志》《唐才子傳》卷十、《江西通志》卷七十二、《文獻通考》卷二百四十三、《類說》卷五十五、《全唐詩》卷六百九十四、《全唐詩錄》卷九十七、《唐詩紀事》卷七十、《五代詩話》卷三。

王轂長於樂府，以歌詩著稱，《唐才子傳》載：「（轂）未第時，嘗為《玉樹曲》云：『璧月夜，瓊樹春，鶯舌冷冷詞調新。當時狎客盡豐祿，直諫犯顏無一人。歌未闋，晉王劍上粘腥血。君臣猶在醉鄉中，一面已無陳日月。』大播人口，適有同人為無賴輩毆，轂前救之，曰：『莫無禮！我便是道「君臣猶在醉鄉中」者。』無賴聞之，慚謝而退。」[19]王轂有集三卷，《觀光集》一卷，又撰前代忠臣臨終不勞圖一卷，皆已遺失，《全唐詩》錄其詩十八首。

王轂之詩，多寄寓比興之作，好胸臆語，氣勢闊大，想像奇特，頗有長吉之風，如「寰海沸兮爭戰苦，風雲愁兮會龍虎。四百年漢欲開基，項莊一劍何虛舞」（《鴻門宴》），「丹穴嬌雛七十隻，一時飛上秋天鳴」（《吹笙引》），「有人遺我五色丹，一粒吞之後天老」（《夢仙謠三首》之一），「直疑青帝去匆匆，收拾春風渾不盡」（《刺桐花》）等等皆是。其最有名者，為《苦熱行》一詩，詩云：

祝融南來鞭火龍，火旗焰焰燒天紅。日輪當午凝不去，
萬國如在洪爐中。五岳翠干雲彩滅，陽侯海底愁波竭。何當
一夕金風發，為我掃卻天下熱。

　　詩歌謂祝融鞭火龍，又為火旗燒天，又謂日輪凝住，可見其
長於想像。為突出「苦熱」，詩人用萬國如烤、五岳枯乾、四海
波竭來鋪陳，苦熱之態盡顯無遺，可謂極善表現。結尾筆鋒一
轉，求一夕清涼，掃天下之炎熱，其氣勢，其胸襟，均非常人能
比，可謂奇特偉人也。於此一詩即可見王轂詩喜用穠詞麗語，手
法誇張，感情強烈，對比鮮明之特徵。總之，王轂詩雖有限，但
敢於創新，在晚唐五代的江西詩壇上可謂獨樹一幟。

　　僧盧中，袁州人。少年即入佛門，好讀書吟詩。居於峽江玉
笥山近二十年，後漫游瀟湘，住在湘西宗城寺，與齊己、尚顏、
棲蟾等詩僧為詩友。長沙馬希振侍中愛之，常延納盧中於書閣
中。嘗有詩贈司空圖，圖頗重之，曾云：「十年華岳峰前住，只
得盧中兩首詩」，其見重若此。盧中事蹟見《十國春秋》卷七十
六、《錦繡萬花谷》後集卷三十三、《全唐詩錄》卷九十八、《詩
話總龜》卷十、《唐詩紀事》卷七十五、《全唐詩》卷八百四十
八、《江西通志》卷一百零三等。

　　盧中有《碧雲詩》一卷，已佚，《全唐詩》錄其詩十四首。
又嘗作《流類手鑑》一卷，討論作詩技巧，有明胡文煥《格致叢
書》本傳世，《吟窗雜錄》《詩法統宗》《詩學指南》亦著錄，今
人張伯偉《全唐五代詩格匯考》亦著錄。《流類手鑑》受賈島《二
南密旨》及鄭谷《國風正訣》影響，以「詩有二宗」言南北宗，

以「日午、春日比聖明」，以「殘陽、落日比亂國」，所引詩例多賈島、李洞、齊己等人之作，可知其旨趣。

虛中所存詩皆五律，多為贈酬之作，大抵皆感情真摯，淺切自然，近於姚合一派。其中較有名者，有《石城金谷》《獻鄭都官》《寄華山司空圖二首》等。其警句如「朝陽生樹罅，古路透云根」（《贈屏風岩棲蟾上人》）、「煙莎一徑小，洲島四鄰疏」（《悼方干處士》）、「喜魚在深處、幽鳥立多時」（《馬侍中池亭》）、「老負峨眉月，閒看雲水心」（《贈齊己》）等，皆為人所稱。虛中雖身為僧侶，卻心繫世事。如其《石城金谷》《哭悼朝賢》《悼方干處士》等詩或懷古傷今，或悼念賢臣，或為人不平，均與現實有關，其中真情自然流露，毫無雕琢。虛中在晚唐五代詩人中不算特別突出，但亦小有成就，不可忽視。

黃頗，生卒年不詳，字無頗，宜春人。師韓愈，有文名。困頓科場十三載，會昌三年（843）登第，與盧肇屬同榜進士，後官至監察御史。其墓在宜春縣北五十里之湖塘。其事蹟可見《大清一統志》卷二百五十二、《江西通志》卷七十二、《輿地碑記目》卷二、《類說》卷三十四、《記纂淵海》卷三十七、《氏族大全》卷三、《天中記》卷三十八、《佩文韻府》卷二十六、《唐摭言》卷二、《全唐詩》卷五百五十二。

黃頗曾有文千篇行於世，今散佚，唯存文《受命於天說》，見於《文苑英華》卷三百六十一，《全唐文》亦收錄。其詩亦多失，《全唐詩》卷五百五十二錄其詩三首，分別為《和主司王起》《聞宜春諸舉子陪君主登河梁玩月》《風不鳴條》，前二首為七律，後一首為五排，三詩無論思想性還是藝術性均不甚高，但其

言語清麗、典雅，好用典故，均可見其長於文章者之習性。

第四節 ▶ 南唐贛北、贛中、贛南詩人

　　南唐，是五代十國時期的南方重要割據政權，存在於九三七年至九七五年，地域所轄最廣時有現在的江蘇、安徽、福建大部，江西全境，湖南、湖北一小部分。南唐雖然也曾發生過一些戰爭，但都是局部性的，與中原的混亂狀態相比，可謂平靜而安適。尤其是南唐統治者執行保境安民政策，促進社會經濟發展，李氏三代對文化教育特別重視，因此，南唐的文壇一度呈現出繁榮景象。全境在南唐的江西，詩詞的創作也相當繁盛，其分布地區有贛北、贛中、贛南等。

　　贛北詩人主要有李中。

　　李中，生卒年不詳，大約九二〇-九七四年在世。字有中，九江人，郡望為隴西（今屬甘肅）。南唐初年，曾入國學廬山白鹿洞書院讀書，中主時，從軍海州（今江蘇東海），不久進士及第，出為下蔡（今安徽鳳台）令。因弟去世，辭職回鄉奉養父母。後主登基，再出仕為吉水縣尉，歷官安福、晉陵（今江蘇常州）、新淦、新喻等地。與沈彬、左虛白、劉鈞、左偓交游唱和。宋太祖開寶六年（973）任淦陽宰時，自編《碧雲集》三卷，未幾卒。《郡齋讀書志》卷四著錄《李中詩》二卷。《全唐詩》錄詩四卷，約三百首。

　　李中一生，多任縣中小吏，政治上並不得志，加上連年戰亂，親人離散，朋友遠別，政治抱負難以實現，生活上十分不如

意。在這種狀態下，李中依然有志於詩，勤奮寫作，成痴成魔，自稱「詩魔」。在病中，在別離中，在懷念中，在高興中，都情不自禁要賦詩，自云「詩魔又愛秋」「禪外詩魔尚濃」，創作了大量的詩篇佳作。詩作多以思鄉、思親、抒懷、方外之趣為主要內容，以惆悵、感傷、超逸為感情基調。

李中的家鄉在九江，那裡有悠悠的湓水、絕美的廬山，他常常懷念舊居，寄托思念親友故舊之情。如《思九江舊居》三首：

> 結茅曾在碧江隈，多病貧身養拙來。雨歇汀洲垂釣去，月當門巷訪僧回。靜臨窗下開琴匣，悶向床頭潑酒醅。游宦等閒千里隔，空餘魂夢到漁台。

> 門前煙水似瀟湘，放曠優游興味長。虛閣靜眠聽遠浪，扁舟閒上泛殘陽。鶴翹碧蘚庭除冷，竹引清風枕簟涼。犬吠疏籬明月上，鄰翁攜酒到茅堂。

> 無機終日狎沙鷗，得意高吟景且幽。檻底江流偏稱月，簷前山朵最宜秋。遙村處處吹橫笛，曲岸家家繫小舟。別後再游心未遂，設屏惟畫白蘋洲。

又《江行晚泊寄湓城知友》：

> 孤舟相憶久，何處倍關情。野渡帆初落，秋風蟬一聲。江浮殘照闊，雲散亂山橫。漸去湓城遠，那堪新月生。

詩人常常顯現的是九江故居、九江老友，「漸去湓城遠，那

堪新月生」；他還思念家鄉南湖上的柳枝，「春來無樹不青青，
似共東風別有情」，這些對顛沛流離中的詩人來說，確實得到不
少的慰藉。但現實依舊殘酷，痛苦中的詩人不禁感懷人生，興嘆
時政。其《姑蘇懷古》云：

> 闔閭興霸日，繁盛復風流。歌舞一場夢，煙波千古愁。
> 樵人歸野徑，漁笛起偏舟。觸目牽傷感，將行又駐留。
> 蘇台蹤跡在，曠望向江濱。往事誰堪問，連空草自春。
> 花疑西子臉，濤想伍胥神。吟盡情難盡，斜陽照路塵。

又《落花》：

> 年年三月暮，無計惜殘紅。酷恨西園雨，生憎南陌風。
> 片隨流水遠，色逐斷霞空。悵望叢林下，悠悠飲興窮。

還有《書王秀才壁》：「貧來賣書劍，病起憶江湖」，《聽道
士琴》：「秋月空山寂，淳風一夜生」，《徐司徒池亭》：「扶疏皆
竹樹，冷淡似瀟湘」，等等。痛定思痛的詩人又往往尋求解脫之
徑，於是表達對方外之趣的嚮往也成了李中詩的重要主題。如
《訪澄上人》：

> 尋師來靜境，神骨覺清涼。一餉逢秋雨，相留坐竹堂。
> 石渠堆敗葉，莎砌咽寒螿。話到南能旨，怡然萬慮忘。

《贈重安寂道者》：

　　寒松肌骨鶴心情，混俗陶陶隱姓名。白髮只聞悲短景，
紅塵誰解信長生。壺中日月存心近，島外煙霞入夢清。每許
相親應計分，琴餘常見話蓬瀛。

以上方方面面，可以說，是當時文人的一個縮影，展示了末
世文人的複雜心態。

　　在藝術上，李中詩的最突出特徵是很少用典，能將此時此地
的景物與個人的心緒融合無間，創造出一種孤寂、悲涼的意境，
在向人們敞開自己的胸懷時，又不乏含蓄蘊藉之美。如《離家》
《秋日途中》：

　　送別人歸春日斜，獨鞭羸馬指天涯。月生江上鄉心動，
投宿匆忙近酒家。
　　信步騰騰野岸邊，離家都為名利牽。疏林一路斜陽裡，
颯颯西風滿耳蟬。

李中詩，儘管還沒有擺脫唐末五代卑弱的格調，但它辭意含
蓄，文采內映，深得評家好評，如孟賓於《碧雲集序》評云：

　　今睹淦陽宰隴西李中字有中，緣情入妙，麗則可知，出

示金編，備多奇句。[20]

　　除李中外，南唐的江西詩人大都集中在贛中、贛南地區，代表詩人有劉洞、夏寶松、宋齊丘、廖圖、廖凝、孫峴等。

　　贛中的劉洞、夏寶松、宋齊丘都是盧陵（劉、夏屬吉安縣，宋屬吉水縣）人。劉、夏曾在盧山讀書、學詩，都未出仕。劉洞才華橫溢，長於五律，作詩極為嚴謹，無懈可擊，故號「五言金城」。他特別崇拜賈島，頗得賈氏遺法，其《夜坐》詩「孤猿叫落中岩月，夜客吟殘半夜燈」一聯，被傳為驚時佳句，被人美稱為「劉夜坐」。他留下的一首完整詩作《石城懷古》：「石城古岸頭，一望思悠悠。幾許六朝事，不禁江水流。」詩憑弔六朝，懷古傷今，格清意古，令人掩卷長思。

　　夏寶松因作《宿江城》詩而被人稱為「夏江城」。這首詩雖不可見，但從留存的殘句「雁飛南浦砧初斷，月滿西樓酒半醒」等來看，意境悲涼，對仗工整，與李中的詩風相近。

　　胡仔《苕溪漁隱叢話》卷十八引《南唐書》云：

　　　　夏寶松與詩人劉洞俱顯名，陳德誠以詩美之曰：「建水舊傳劉夜坐，螺川新有夏江城。」蓋劉洞嘗有《夜坐詩》最為警策，而寶松有《宿江城詩》云：「雁飛南浦砧初斷，月

20　董誥等編：《全唐文》卷八七二，中華書局影印嘉慶本，1983 年。

滿西樓酒半醒。」故德誠紀之。[21]

宋齊丘（887-959），本字超回，改字子嵩。烈祖建國（937），以為左丞相，遷司空，晚年退職回家，隱居九華山。後以植黨縱恣獲罪，被鎖禁，自縊死，卒年七十三，諡繆丑。存詩三首，分別是《陪游鳳凰台獻詩》《贈仰山慧度禪師》和《陪華林園試小妓羯鼓》。其中五古《陪游鳳凰台獻詩》尤有氣勢：

嵯峨壓洪泉，岸峇撐碧落。宜哉秦始皇，不驅亦不鑿。上有布政台，八顧背城郭。山感龍虎健，水黑螞蜑作。白虹欲吞人，赤驥相煿驚。畫棟泥金碧，石路盤磽埆。倒掛哭月猿，危立思天鶴。鑿池養蛟龍，栽桐棲鸑鷟。梁間燕教雛，石罅蛇懸殼。養花如養賢，去草如去惡。日晚嚴城鼓，風來蕭寺鐸。掃地驅塵埃，剪蒿除鳥雀。金桃帶葉摘，綠李和衣嚼。貞竹無盛衰，媚柳先搖落。塵飛景陽井，草合臨春閣。芙蓉如佳人，回首似調謔。當軒有直道，無人肯駐腳。夜半鼠窸窣，天陰鬼敲啄。松孤不易立，石丑難安著。自憐啄木鳥，去蠹終不錯。晚風吹梧桐，樹頭鳴嚗嚗。峨峨江令石，青苔何淡薄。不話興亡事，舉首思眇邈。顢哉未到此，褊劣同尺蠖。籠鶴羨鳧毛，猛虎愛蝸角。一日賢太守，與我觀槖

21　胡仔纂集，廖德明校點：《苕溪漁隱叢話》（後集），人民文學出版社，1962 年版，第 130、131 頁。

鑰。往往獨自語，天帝相唯諾。風雲偶不來，寰宇銷一略。我欲烹長鯨，四海為鼎鑊。我欲取大鵬，天地為矰繳。安得生羽翰，雄飛上寥廓。

詩作化用劉邦《鴻鵠歌》之典而令人不覺，全詩想像奇特，用語典重，氣勢磅礴，顯示出政治家的非凡抱負。

贛南地區的廖圖、廖凝兄弟，虔州虔化（今贛州寧都）人，早年隨家遷往湖南，一度隱居衡山，故有的辭書錄為湖南衡山人。廖圖，又名光圖、匡圖，生卒年不詳，字贊禹。湖南馬氏辟幕下，奏為天策府學士，與劉昭禹、沈彬、齊己、虛中等人都有唱和。廖圖的創作，清同治版《贛州府志・藝文志》（卷六十三《書目》）載有廖光圖詩集二卷，今多散佚，見於《全唐詩》廖匡圖名下的僅詩四首，句一。四首詩分別為《松》《和人贈沈彬》《贈泉陵上人》《九日陪董內召登高》，另見於《詩話總龜》記錄的有《江干感興》《七言寄損》詩二首。《詩話總龜》記：

廖圖在永州，有《江干感興》詩云：「正悲世上事無限，細看水中塵更多。」甚為識者所稱。[22]

黃損牧零陵日，衡山廖民先兄弟皆有詩贈之。廖圖七言寄損云：「莊周指我悟榮生，買得衡山十里青。卻許野禽棲

22　阮閱編，周本淳校點：《詩話總龜》，人民文學出版社，1987 年版，第 267 頁。

竹徑，不教凡客扣柴扃。橫琴獨坐泉圍石，倚棹長吟月滿汀。珍重零陵舊知己，菱花時把照星星。」**23**

廖圖詩善發議論，如《九日陪董內召登高》：

> 祝融峰下逢嘉節，相對那能不愴神。煙裡共尋幽澗菊，樽前俱是異鄉人。遙山帶日應連越，孤雁來時想別秦。自古登高盡惆悵，茱萸休笑淚盈巾。

又《松》：

> 曾於西晉封中散，又向東吳作大夫。濃翠自知千古在，清聲誰道四時無。枝柯偃後龍蛇老，根腳盤來爪距粗。直待素秋搖落日，始將凡木斗榮枯。

他往往就物發議，形象與哲理相結合，讀來全無枯澀之感。

廖凝，廖圖之弟，生卒年亦不詳，字熙績，五代時期（約西元十世紀中葉）在世，楚亡後，曾仕南唐，為建昌令，官至水部員外郎。凝以詩顯於唐，有大雅遺風。清同治版《贛州府志·藝文志》（卷六十三《書目》）載有廖凝詩集七卷，多散佚。《全唐詩》錄詩三首，句一。詩分別是《中秋月》《彭澤解印》和《聞

蟬》。《詩話總龜》另錄有詩句二聯：

廖凝字熙績，十歲《詠棋》詩云：「滿汀鷗不散，一局黑全輸。」識者見之曰：「必垂名於後。」[24]

史虛白，嵩洛人。廖凝寄之詩曰：「飯僧春嶺蕨，醒酒雪潭魚。」終於溢浦。[25]

廖凝《中秋月》與《聞蟬》詩最為人稱賞。其云：

九十日秋色，今宵已半分。孤光含列宿，四面絕纖雲。眾木排疏影，寒流疊細紋。遙遙望丹桂，心緒正紛紛。

一聲初應候，萬木已西風。偏感異鄉客，先於離塞鴻。日斜金谷靜，雨過石城空。此處不堪聽，蕭條千古同。

詩作描繪生動，新穎傳神，藉物抒懷。其《彭澤解印》詩「五斗徒勞謾折腰，三年兩鬢為誰焦？今日官滿重歸去，還挈來時舊酒瓢」，又直抒胸臆，不事雕琢，將自己甘於淡泊、不慕名利的襟懷袒露無遺。

24　《詩話總龜》，第 157 頁。
25　《詩話總龜》，第 161 頁。

此外，還有南康詩人孫峴。孫峴，生卒年不詳，字文山。《全唐詩》錄其詩一首《送鐘員外·賦竹》，詩云：

> 萬物中蕭灑，修篁獨逸群。貞姿曾冒雪，高節欲凌云。細韻風初發，濃煙日正曛。因題偏惜別，不可暫無君。

詩作借讚美修竹傲然挺立、貞節自持的內在特徵，隱喻鐘員外操守高潔、卓爾不群，含蓄蘊藉，詩思清新。

另外，唐五代時期，贛東地區也有詩人的活動，但比較少，見於《全唐詩》著錄的有楊志堅、孫氏、張頂。

楊志堅，臨川人，與顏真卿同時。僅存《送妻》詩一首。詩云：

> 平生志業在琴詩，頭上如今有二絲。漁父尚知溪谷暗，山妻不信出身遲。荊釵任意撩新鬢，明鏡從他別畫眉。今日便同行路客，相逢即是下山時。

孫氏，臨川樂安人，進士孟昌期之妻。存詩三首，分別是：

> 玉指朱弦軋復清，湘妃愁怨最難聽。初疑颯颯涼風勁，又似蕭蕭暮雨零。近比流泉來碧嶂，遠如玄鶴下青冥。夜深彈罷堪惆悵，露濕叢蘭月滿庭。（《聞琴》）
>
> 景勝銀釭香比蘭，一條白玉偪人寒。他時紫禁春風夜，醉草天書仔細看。（《白蠟燭詩（代夫贈人）》）

謝將清酒寄愁人，澄澈甘香氣味真。好是綠窗風月夜，一杯搖蕩滿懷春。（《謝人送酒（一作代謝崔家郎君送酒）》）

張頂，臨川人，存詩一首，為：

拋卻長竿卷卻絲，手持蓑笠獻新詩。臨川太守清如鏡，不是漁人下釣時。（《獻蔡京》）

以上南唐詩人的詩歌創作，填補了所在地區此前的空白，尤其是贛東臨川地區的詩歌創作，可以說是臨川文學的濫觴，成為宋代臨川詩詞繁榮的先聲。

參考文獻

1. 曹寅、彭定求等：《全唐詩》，中華書局，一九六〇年版。

2. 陳伯海主編：《唐詩匯評》，浙江教育出版社，一九九五年版。

3. 董誥等：《全唐文》，中華書局影印嘉慶本，一九八三年版。

4. 郭紹虞編：《中國歷代文論選》，上海古籍出版社，一九八〇年版。

5. 傅璇琮主編：《唐才子傳校箋》，中華書局，二〇〇二年版。

6. 胡仔纂集，廖德明校點：《苕溪漁隱叢話》，人民文學出版社，一九八一年版。

7. 計有功：《唐詩紀事》，中華書局一九六五年版。

8. 阮閱編，周本淳校點：《詩話總龜》，人民文學出版社，1987 年版。

9. 沈德潛等編：《歷代詩別裁集》，浙江古籍出版社，一九九八年版。

10.辛文房：《唐才子傳》，古典文學出版社，一九五七年版。

11.元結、殷璠等選：《唐人選唐詩（十種）》，上海古籍出版社，一九七八年版。

12.鄭谷撰，傅義校注：《鄭谷詩集編年校注》，華東師范大學出版社，一九九三年版。

第四章

唐代江西女性詩詞

唐代江西女性作家主要有程長文、張氏、周氏和蓮花。

一、程長文

程長文（生卒年不詳），鄱陽（今江西鄱陽縣）人，是江西詩詞史上為數不多的女性作家之一。她的作品僅存三首，分別是《春閨怨》《銅雀台怨》《獄中書情上使君》。她的詩作雖不多，卻能以女性的細膩筆觸敘說感人至深的情感，有其獨特的藝術魅力。如《春閨怨》：

> 猗陌香飄柳如線，時光瞬息如流電。良人何處事功名，十載相思不相見。

詩作題材是常見的相思別離之情，但程長文寫來卻是相當出色。起句用「柳如線」暗喻扯不開理還亂的相思之情，這還略顯平淡，第二句開始就筆鋒陡轉，猶如疾風山雨驟來，詩中形容時光短暫用「瞬息」「電」這樣的字樣，顯得格外觸目驚心，給人以驚悚之感。輕輕一轉眼，十年就沒有了，詩人的青春時光就這

樣在等待中渡過了十年。詩作押了比較難押的仄聲韻，讀起來更顯得低抑悲憤，如怨如嘆。

程長文的七古《獄中書情上使君》尤為感人，詩云：

> 妾家本住鄱陽曲，一片貞心比孤竹。當年二八盛容儀，紅箋草隸恰如飛。盡日閒窗刺繡坐，有時極浦採蓮歸。誰道居貧守都邑，幽閨寂寞無人識。海燕朝歸衾枕寒，山花夜落階墀濕。強暴之男何所為，手持白刃向簾幃。一命任從刀下死，千金豈受暗中欺。我心匪石情難轉，志奪秋霜意不移。血濺羅衣終不恨，瘡黏錦袖亦何辭。縣僚曾未知情緒，即便教人繫囹圄。朱唇滴瀝獨銜冤，玉箸闌干嘆非所。十月寒更堪思人，一聞擊柝一傷神。高髻不梳雲已散，蛾眉罷掃月仍新。三尺嚴章難可越，百年心事向誰說。但看洗雪出圜扉，始信白圭無玷缺。

詩作以第一人稱口吻，敘述了一段與暴徒殊死抗爭、最後蒙冤入獄的經歷。首先敘說「我」的儀容莊重，舉動高雅，再以「海燕朝歸衾枕寒，山花夜落階墀濕」渲染環境；接著寫「血濺羅衣終不恨，瘡黏錦袖亦何辭」的殊死抗爭，然後是無端銜冤的淒楚：「三尺嚴章難可越，百年心事向誰說？但看洗雪出圜扉，始信白圭無玷缺。」全詩敘事簡潔，抒情強烈，飽含對邪惡的憎恨和對正義必定伸張的嚮往。鍾惺《名媛詩歸》中評道：「引情敘事，不亢不激。每從憤烈處作排遣語，而慷慨自明，仍不傷溫厚之氣。如此事，如此詩，學問與性情兼至，尤不當以捨生取義

目之矣。」[1]斯言誠是，可以說，《獄中書情上使君》是繼蔡琰《悲憤詩》之後，又一首由女詩人抒寫封建時代女性痛苦經歷的自傳體長詩。

二、吉中孚妻張氏

吉中孚妻張氏，亦工詩，尤善歌行，詩名甚著。胡應麟《詩藪》稱她「可參張籍、王建間」，胡震亨《唐音癸籤》贊譽其詩為「尤彤管之錚錚者」。《全唐詩》存其詩一首，詩云：

> 拜新月，拜月出堂前，暗魄深籠桂，虛弓未引弦。拜新月，拜月妝樓上，鸞鏡未安台，蛾眉已相向。拜新月，拜月不勝情，庭前風露清，月臨人自老，望月更長生。東家阿母亦拜月，一拜一悲聲斷絕。昔年拜月逞容儀，如今拜月雙淚垂。回看眾女拜新月，卻憶紅閨年少時。（《拜新月》）

這是一首長歌行，它以女性細膩的筆觸委婉地抒發了紅顏易老、佳人遲暮的哀怨，詩作情思綿邈，哀感頑豔。

吉中孚這對詩苑佳偶，應當作有不少情致動人的酬答詩歌，可惜未能流傳於後世。

其他有周氏《曹因墓誌銘》、名妓蓮花《獻陳陶處士》等詩。此處僅列出詩名，具體分析不贅。

1　鍾惺：《名媛詩歸》卷十二，文淵閣《四庫全書》本。

參考文獻

1. 曹寅、彭定求等：《全唐詩》，中華書局，一九六〇年版。

2. 陳尚君輯校：《全唐詩補編》，中華書局，一九九二年版。

3. 鍾惺評點：《名媛詩歸》，文淵閣《四庫全書》本。

第二編　宋元江西詩詞（上）

趙宋王朝結束了五代的分裂而歸於一統，隨著宋朝的建立，江西詩詞也大規模崛起，進入了一個成就輝煌的歷史階段。這次輝煌依然以群體的創作輻射至周邊地區，從而帶動整個江西詩壇。

宋代江西詩詞的創作浪潮首先出現在贛東臨川、贛中吉安地區，而不是唐代已奠定基礎的贛北、贛西地區。這似乎有些出人意料，但仔細思考，並不奇怪。一方面，從文學地理學來看，唐代的文學以政治中心長安為城市起點，以黃河、長江為流域起點，自西往東依次推動著詩歌創作的發展，江西的贛北、贛西、贛東北正好處於這一詩歌的裏挾範圍之中，因而出現了詩人群。但到了宋代，這一由地理學產生的詩詞創作浪潮則進一步由華西走向華東，由贛北走向贛南，於是在贛東臨川、贛中吉安也出現了「臨川才子」以及歐陽修等著名詩人。另一方面，從文學發展的外部環境來看，從晚唐五代以來，偏於一隅的江西，尤其是相對富庶的贛東、贛中，吸引了一大批外來避難的士大夫家族，他們大多是書宦之家，有著相當豐厚的文化基礎和深遠的家學淵源，一旦遇上適當的外部條件，自然要首先崛起。因此，宋代江西詩人中的佼佼者，其家族基本上是由北方或東南各省輾轉遷入江西的。他們的崛起，進一步增強了江西詩人的家族性、群體性特徵。

在贛東臨川、贛中吉安地區的創作浪潮影響下，宋代江西詩詞的創作不斷走向繁榮。

這之中，亦有不少江西本土的相關影響因素。

宋代江西詩詞的繁榮，首先與江西特別發達的水運有關。據

記載，僅真宗天禧年間，吉、虔二州的官營船場所造船數就接近全國總數的一半。朝廷為確保漕運的便利與安全，除保持江西舊有州縣外，又改南唐建武軍為建昌軍，並新增南安、南康、臨江三個「軍」的建制，以建昌軍控盱江；贛江自南向北，有南安軍以控扼梅嶺古道；又置臨江軍控扼贛、袁二水交匯處；至於轄星子、建昌、都昌的南康軍，則足可控扼整個鄱陽湖面、南北咽喉。水運的發達，特別便利於江西士人和外界的交往，使他們從江西一步步走向政壇，走向全國文壇。

其次，與江西教育的發展有關。江西是宋代興學最早、學校數量最多的地區。江西書院尤多，官私兼辦，遍布全省。每遇大比，學校為赴試者提供所有費用，使士子們「無裹糧之憂」（《江西通志》）。這種大面積辦學又結合以名師傳授的風氣，無疑極有利於文學人才的成長。

第三，與宋代江西的幾位先賢有關。士人們的入仕、步入文壇，少不了台輔重臣的獎掖與援引。江西首得宋代風氣之先，晏殊、歐陽修均為江西籍的宋王朝決策層核心人物。首先是晏殊，他大力獎掖江南尤其是江西文士，使江西文人得以脫穎而出，有機會在中國文壇上展現他們的才華與風采。這種風範此後幾乎一直傳承在江西籍的台輔重臣中，這無疑為江西文人的大量湧現鋪平了道路。其次是歐陽修，他既是台輔重臣，又是北宋中葉詩文革新運動的領袖，他對江西文學的貢獻也更大。為了給政治革新和詩文革新積蓄力量，他選拔和培養了一大批優秀人才，其中即有不少江西文人，如曾鞏、王安石、劉放劉敞兄弟，便都是在他獎掖之下，成為北宋極負盛譽的政治家和文學家的。

正是在晏殊、歐陽修的影響下，北宋江西詩壇出現了一個空前繁榮的局面，湧現了曾鞏、王安石這樣的大作家，和他們同時或前後，還有新余二劉、臨江三孔以及曾鞏與王安石的親族弟輩們，他們或者以大文學家的面目出現，或者以家族群體的形式崛起，並且都在詩詞領域取得了令人矚目的成就。

北宋江西文壇的最後重鎮無疑是贛西北的黃庭堅。不同於上述晏殊、歐陽修、王安石等人的是，黃庭堅是以其有法可學的詩學成就與理論吸引了眾多後學。他在總結宋詩曲折發展道路的基礎上，提出了一整套的詩歌理論與方法，並且倡揚學習杜甫和陶淵明，給後學有門徑可循的喜悅，從而吸引了一大批詩人，形成了一個影響極大的詩歌流派——江西詩派，其中江西作家便占了將近一半，像黃庭堅的外甥豫章四洪、分寧徐俯、永修李彭、新昌惠洪、臨川二謝、饒節、汪革等。江西詩派的出現，標誌著宋詩風格特點的最後形成並走向成熟，宋詩終於以自己獨特的面貌，在中國詩歌史上爭得了可以與唐詩比肩的歷史地位。江西詩派的影響也因此綿延至清末，影響中國詩歌的發展近九百年。

贛東詩詞

　　贛東的主要覆蓋範圍相當於今上饒、鷹潭、撫州、景德鎮地域。在唐五代時期，贛東地區的詩人活動比較少，但在宋代，卻實現了歷史大跨越，出現了晏殊、晏幾道父子，曾鞏、曾布兄弟，王安石、王安禮兄弟等著名詩人，還有二謝、饒節、汪革等，他們突出地體現了江西詩詞的地域性特徵，他們主要是撫州臨川人，臨川因此被譽為「才子之鄉」。同時，晏氏、曾氏、王氏的家族文學群體的出現，又初步體現出江西詩詞的家族性特徵。

第一節 ▶ 晏氏父子

　　晏氏父子的創作主要以詞為主。在中國詩歌史上，唯一堪與唐詩媲美的是宋詞。詞體進入晚唐五代以後，經文士的改造與加工而漸趨成熟，又經「花間鼻祖」溫庭筠的創造和南唐詞人馮延巳、李煜的強化，進一步確立了以小令為主的文本體式、以柔情為主的題材取向和以柔軟婉麗為美的審美規範。在這一過程中，江西詩人僅孫魴有詞的創作，表現為參與的相對缺失。宋初，晏

殊父子加入江西詩詞的陣營後，便濃墨淡彩地填補起這項空白。

一、晏殊

晏殊（991-1055），字同叔，撫州臨川（今江西撫州市）人。七歲能屬文，十四歲以神童入試，賜進士出身，命為秘書省正字，歷遷太常寺奉禮郎、光祿寺丞、尚書戶部員外郎、太子舍人、翰林學士、左庶子，仁宗即位後，遷右諫議大夫兼侍讀學士加給事中，進禮部侍郎，拜樞密使、參知政事加尚書左丞，慶曆中拜為集賢殿學士、同平章事兼樞密使、禮部刑部尚書、觀文殿大學士知永興軍、兵部尚書，封臨淄公，謚號元獻，世稱晏元獻。晏殊歷任要職，更兼提拔後進，如范仲淹、韓琦、歐陽修等，皆出其門，在當時文壇聲名甚著。他又以詞著稱，尤擅小令，有《珠玉詞》一三〇餘首。

《宋史・晏殊傳》云：

> 七歲能屬文，景德初……以神童薦之。帝召殊與進士千餘人並試廷中，殊神氣不懾，援筆立成，帝嘉賞，賜同進士出身……久之，為翰林學士……預修《真宗實錄》，進禮部侍郎，拜樞密副使。

> 自五代以來，天下學校廢，興學校自殊始……改參知政事，加尚書左丞……慶曆中，拜集賢殿學士，同平章事，兼樞密使……謚元獻。

> 殊平居好賢，當世知名之士，如范仲淹、孔道輔皆出其門。及為相，益多進賢材，而仲淹與韓琦、富弼皆進用，至

於臺閣，多一時之賢。

殊性剛簡……文章贍麗，應用不窮，尤工詩，閒雅有情思……文集二百四十卷。[1]

晏殊作為一個太平宰相，生活面相對狹窄，再加上他將填詞看成是「呈藝」，因此詞的思想內容亦較為狹窄，多抒寫流連光景的闌珊意緒。葉夢得認為：

晏元獻公留守南都，王君玉……為府簽判……賓主相得，日以賦詩飲酒為樂，佳詩勝日，未嘗輒廢也。嘗遇中秋陰晦，齋廚夙為備，公適無命。既至夜，君玉密使人伺公，曰：「已寢矣。」君玉亟為詩以入，曰：「只在浮雲最深處，試憑弦管一吹開。」公枕上得詩，大喜，即索衣起，徑召客治具，大合樂。至夜分，果月出，遂樂飲達旦。[2]

晏元獻公早富貴，而奉養極約。惟喜賓客，未嘗一日不燕飲。而盤饌皆不預辦，客至旋營之……亦必以歌樂相佐，談笑雜出……稍闌即罷遣歌樂曰：「汝曹呈藝已遍，吾當呈藝。」乃具筆札，相與賦詩，率以為常。前輩風流，未之有比也。[3]

1　脫脫等：《宋史》卷三一一，文淵閣《四庫全書》本。
2　葉夢得：《石林詩話》，見何文煥輯《歷代詩話》，中華書局，1981年版，第405頁。
3　葉夢得：《石林避暑錄話》，上海書店據涵芬樓舊版影印，1990年

　　因此，晏殊的《珠玉詞》，絕大部分作品的內容是抒寫男女之間的相思愛戀和離愁別恨。如「無窮無盡是離愁，天涯地角尋思遍」（《踏莎行》）；「無情不似多情苦，一寸還成千萬縷。天涯地角有窮時，只有相思無盡處」（《玉樓春》）。但在這些題材中晏殊也有自己的創新和貢獻。首先，晏殊詞過濾了五代時「花間」詞所包含的輕佻豔冶的雜質，而顯得特別純淨雅致。他往往略去對女性容貌色相的描寫，而著重表現主人公的戀情。其次，在詞中他輸入更多的主觀、個性色彩，將自己的身世、襟懷都有機地融入傳統題材中。第三，詞的語言也一洗五代「花間」詞的脂粉氣和穠豔色彩，而變得清麗淡雅，溫潤秀潔。

　　作為太平宰相的晏殊，雖然少年得志，一生仕途順利，享盡富貴，但雍容嫻雅的生活和多愁善感的詩人氣質，使他常常反思和體悟人生。他常常從圓滿的生活中體悟到一種不圓滿，也就是想延長這圓滿的人生而人生卻又如此短暫的缺憾，因此，他在詞中反覆訴說「細算浮生千萬緒，長於春夢幾多時」（《木蘭花》）、「可奈光陰似水聲，迢迢去未停」（《破陣子》）的憂思。當然，人生有限，如果人生情愛完滿又是一種慰藉，但這往往是一種無法實現的奢望，因此，晏殊詞中又常把人生短暫與情愛缺失交融在一起，「一向年光有限身」（《浣溪沙》），兩種苦悶相互生發映襯，加深了詞中情感的濃度，而這又構成了晏殊詞的「情中有思」，即濃郁的情感中滲透著理性沉思的特質。膾炙人口的《浣

版，第 66 頁。

溪沙》堪稱代表：

　　一曲新詞酒一杯，去年天氣舊亭台。夕陽西下幾時回？
無可奈何花落去，似曾相識燕歸來。小園香徑獨徘徊。

　　舊亭台、夕陽、落花、飛燕等表層意象，表現的是傷春懷人
的情緒，內中卻蘊含著強烈的時間意識和生命意識。因為「夕
陽」「落花」是兩種流逝難返的意象，它們在此象徵著年華的流
逝和愛情的失落，體現出作者對時光短促、生命有限的人生思考
和體悟。

　　晏殊詞的藝術特色可歸為以下四個方面：

　　（1）能脫卻鄙俗而寫出「氣象」，特別是善於以淡雅之筆寫
富貴之態，以清新之筆寫男女之情，神清而氣遠。對此，前人的
記載中有所涉及：

　　晏叔原見蒲傳正曰：「先君（指晏殊）平日小詞雖多，
未嘗作婦人語也。」傳正曰：「『綠楊芳草長亭路，年少拋
人容易去。』豈非婦人語乎？」叔原曰：「公謂年少為所歡
乎？因公言，遂解得樂天詩兩句：『欲留所歡待富貴，富貴
不來所歡去。』」傳正笑而悟其言之失。然此語意甚為高
雅。[4]

柳三變既以詞忤仁廟，吏部不放改官。三變不能堪，詣政府。晏公曰：「賢俊作曲子麼？」三變曰：「只如相公亦作曲子。」公曰：「殊雖作曲子，不曾道『彩線慵拈伴伊坐』。」柳遂退。[5]

晏元獻公雖起田里，而文章富貴，出於天然。嘗覽李慶孫《富貴曲》云：「軸裝曲譜金書字，樹記花名玉作篆。」公曰：「此乃乞兒相，未嘗諳富貴者，故余每吟詠富貴，不言金玉錦繡，而惟說其氣象。若『樓台側畔楊花過，簾幕中間燕子飛』，『梨花院落溶溶月，柳絮池塘淡淡風』之類是也。」故公自以此句語人曰：「窮兒家有這景致也無？」[6]

（2）善於捕捉對自然景物敏銳而纖細的感受，並善於抒發由此而產生的深蘊淒婉的感情，如上所舉《浣溪沙》詞。有意思的是，晏殊在詩中也有「無可奈何花落去，似曾相識燕歸來」一聯，卻少為人知，原因何在呢？張宗橚《詞林紀事》所云或有所揭示：

元獻尚有《示張寺丞王校刊》七律一首，「上巳清明假未開，小園幽徑獨徘徊。春寒不定斑斑雨，宿醉難禁灧灧杯。無可奈何花落去，似曾相識燕歸來。梁園賦客多風味，

5　張舜民：《畫墁錄》，文淵閣《四庫全書》本。
6　吳處厚：《青箱雜記》，中華書局，1985 年版，第 46 頁。

莫惜青錢萬選才。」中三句與此詞同，只易一字。細玩「無可奈何」一聯，情致纏綿，音調諧婉，的是倚聲家語。若作七律，未免軟弱矣。**7**

（3）善於從景物描寫中暗示出對人生所持的理性態度，特別注重抒發對人生持有的曠達之情，因而顯得意境高遠。如：

> 梧桐昨夜西風急，淡月朧明，好夢頻驚，何處高樓雁一聲。（《采桑子》）
> 昨夜西風凋碧樹，獨上高樓，望盡天涯路。欲寄彩箋兼尺素，山長水闊知何處！（《蝶戀花》）
> 一向年光有限身，等閒離別易銷魂，酒筵歌席莫辭頻。滿目山河空念遠，落花風雨更傷春，不如憐取眼前人。（《浣溪沙》）

特別是《蝶戀花》中詞句，歷來為人傳頌，王國維將其採擷來代表其所稱「人生的三種境界」之一，也曾評說道：

> 《詩·蒹葭》一篇，最得風人深致，晏同叔之「昨夜西風凋碧樹，獨上高樓，望盡天涯路」意頗近之。但一灑落，

---

7 張宗橚：《詞林紀事》，成都古籍出版社，1982 年版，第 74 頁。

一悲壯耳。**8**

（4）音律和諧，語言精美。

> 晏元獻公長短句，風流蘊藉，一時莫及，而溫潤秀潔，
> 亦無其比。（王灼《碧雞漫志》）**9**
> 晏同叔去五代未遠，馨烈所扇，得之最先。故左宮右
> 征，和婉而明麗，為北宋倚聲家初祖。（《宋六十一家詞選
> 例言》）**10**

晏殊的年輩較早，政治地位又顯赫，歐陽修等著名詞人或出
其門下，或為其幕僚，因此，他被後人推為「北宋倚聲家初祖」
（馮煦《蒿庵論詞》）。

晏殊還是位詩人，有些詩作的風格與詞迥然不同，特別地體
現出其「詩莊詞媚」的觀念。如：

> 平台千里渴商霖，內史憂民望最深。衣上六花非所好，
> 畎間盈尺是吾心。（《雪中》）

8　況周頤著、王幼安校訂，王國維著、徐調孚注、王幼安校訂：《蕙風
　　詞話・人間詞話》，人民文學出版社，1960 年版，第 202 頁。

9　南卓等：《羯鼓錄・樂府雜錄・碧雞漫志》，古典文學出版社，1957
　　年版，第 59 頁。

10　馮煦編：《宋六十一家詞選》，光緒間江寧刻本。

眼看飛雁手攜魚，似是當年綺季徒。仰羨知幾避矰繳，
俯嗟貪餌失江湖。（《觀畫目送飛雁手提白魚》）

二、晏幾道

晏幾道（約 1040-1112），字叔原，號小山，撫州臨川（今
屬江西）人。晏殊第七子，人稱「小晏」。歷任潁昌府許田鎮
監、干寧軍通判、開封府判官等。晚年家境中落，其詞多感傷情
調。有《小山詞》二六〇餘首。

晏幾道一生清狂磊落，縱弛不羈，身出高門，而不慕勢利。
黃庭堅《小山詞序》稱他有「四痴」：

> 仕宦連蹇，而不能一傍貴人之門，是一痴也；論文自有
> 體，不肯一作新進士語，此又一痴也；費資千百萬，家人寒
> 飢，而面有孺子之色，此又一痴也；人百負之而不恨，已信
> 人終不疑其欺己，此又一痴也。[11]

從「四痴」可以看到晏幾道孤芳自潔的個性，忠純真摯的痴
情。他難與一般俗人合流，將一生的心血性情都表現在他的詞
裡。

晏幾道的詞風穠摯深婉，工於言情，與其父齊名，世稱「二
晏」。但當時及後世作者都對他評價很高，認為造詣在其父之

11　晏幾道：《小山詞》卷首，《彊村叢書》本。

上：

　　北宋晏小山工於言情，出元獻（晏殊）、文忠（歐陽修）
之右……措辭婉妙，一時獨步。[12]

　　小山詞多緬懷往事，抒寫哀愁，筆調飽含感傷，傷情深沉真
摯，情景融合，造語工麗，秀氣勝韻，吐屬天成，「能動搖人
心」。雖反映生活面窄，而藝術境界較高，詞風接近李煜。他的
《臨江仙》《鷓鴣天》《阮郎歸》等，都是歷來傳誦的名篇，其中
新辭麗句，深為論者所嘆賞。如《臨江仙》：

　　夢後樓台高鎖，酒醒簾幕低垂。去年春恨卻來時，落花
人獨立，微雨燕雙飛。記得小蘋初見，兩重心字羅衣。琵琶
弦上說相思，當時明月在，曾照彩雲歸。

　　此詞寫別後故地重游，引起對戀人的無限懷念。上闋描寫人
去樓空的寂寞景象，以及年年傷別的淒涼。下闋追憶初見小蘋溫
馨動人的一幕。尤以「兩重心字」，既寫「羅衣」裝飾，又暗示
與戀人的默契。「琵琶弦上說相思」，足見其一見如故、互為知
音的情誼。其中「落花人獨立，微雨燕雙飛」被譚獻《復堂詞

12　陳廷焯著，屈興國校注：《白雨齋詞話足本校注》，齊魯書社，1983
　　年版，第45頁。

話》贊為「千古不能有二」的名句。

又《鷓鴣天》：

> 彩袖殷勤捧玉鐘，當年拼卻醉顏紅。舞低楊柳樓心月，
> 歌盡桃花扇底風。從別後，憶相逢，幾回魂夢與君同，今宵
> 剩把銀釭照，猶恐相逢是夢中。

詞作上片回憶當年酒逢紅顏知己，拼死拼活地痛飲狂歡的情
景。殷勤、拼卻、舞低、歌盡，都是極端化的生命投入。然而如
此傾情的場景畢竟已成記憶。過片接著寫離別之後極度的相思。
「幾回魂夢與君同」，既寫自己，又寫對方，與杜甫《月夜》詩
寫對妻子的思念相類，都是以深信知己為前提，表現一種心心相
印、魂牽夢縈的苦苦相思。最後寫重逢之樂，卻以「猶恐」為重
點。這是十分巧妙的構思，特具情感張力和故事內涵。在當年與
今宵、夢幻與真實、歡合與離別、相思與相逢的閃回中，把人類
愛情世界的悲歡苦樂寫得淋漓盡致，感人至深。《苕溪漁隱叢話》
評它為「詞情婉麗」。

小晏詞有近似大晏的一面，如寫婦人不作淫膩之語，寫富貴
不作猥俗之態，但其短處在不如大晏之深刻，少含蓄韻外之意，
而其長處在更覺風流嫵媚，輕柔自然。雖更逼近花間詞，但感情
卻比花間詞真誠深摯，也較為健康，風格也顯得更清麗典雅，是
對韋莊及李煜詞的發展，因此歷來人們對他的詞評價很高，如：

> 清壯頓挫，能動搖人心，上者《高唐》《洛神》之流，

下者不減《桃葉》《團扇》。[13]

　　晏叔原工小詞。「舞低楊柳樓心月，歌盡桃花扇底風」，不愧六朝宮掖體。[14]

　　如金陵王謝子弟，秀氣勝韻，得之天然，將不可學。[15]

　　「落花人獨立，微雨燕雙飛」，可謂好色而不淫矣。[16]

　　晏氏父子仍步伍溫、韋，小晏精力尤勝。[17]

　　字字娉娉裊裊，如攬嬙、施之袂，恨能起蓮鴻、蘋云，按紅牙板、唱和一過。[18]

　　獨《小山詞》，直逼花間。[19]

　　北宋晏小山工於言情，出元獻、文忠之右……而措詞婉妙，則一時獨步。[20]

晏幾道詞的藝術特徵可歸為以下四個方面：

（1）具有明確的思戀對象，感情真摯。這與五代宋初詞人

13　黃庭堅：《小山詞序》，見晏幾道《小山詞》卷首，《彊村叢書》本。

14　佚名《雪浪齋日記》，見胡仔《苕溪漁隱叢話》，第408頁。

15　王灼：《碧雞漫志》，見南卓等《羯鼓錄·樂府雜錄·碧雞漫志》，第59頁。

16　楊萬里：《誠齋詩話》。

17　周濟：《介存齋論詞雜著》，見周濟等《介存齊論詞雜著·復堂詞話·蒿庵論詞》，人民文學出版社，1959年版，第13頁。

18　毛晉：《宋六十名家詞·小山詞跋》，上海古籍出版社，1989年版，第105頁。

19　毛晉：《宋六十名家詞·小山詞跋》，第105頁。

20　《白雨齋詞話足本校注》，第45頁。

作品中的泛愛、泛戀不同。晏幾道在《小山詞自敘》中說自己詞作乃回憶與友人沈廉叔、陳君龍家的蓮、鴻、蘋、云四歌女之間的悲歡離合，他甚至在詞中直接寫出這些歌女的名字。因此，晏幾道的詞始終是構建在對過去的溫馨回憶和現在的苦悶這樣兩個感情世界上的。他把對愛情的生死不渝的追求作為人生的精神寄托。

（2）以夢境來寫戀情。晏幾道因為與戀人不能見面，便常在詞中虛構夢境以重溫往時愛情的甜蜜，據電子版的《小山詞》統計，他在二六〇首的詞作中，就有五二首五十九句寫到夢。

（3）語淡情深。晏幾道往往用平淡的語言、常見的景物來表達不尋常的深情，如《少年游》。

（4）善於融化詩句。如他的《浣溪沙》「戶外綠楊春繫馬，床前紅燭夜呼盧」，化用韓翃《贈李翼》「門外碧潭春洗馬，樓前紅燭夜迎人」句，但天衣無縫。《鷓鴣天》「今宵剩把銀釭照，猶恐相逢是夢中」，化用杜甫《羌村三首》之一「夜闌更秉燭，相對如夢寐」和戴叔倫《客夜與故人偶集》「還作江南會，翻疑夢裡逢」，亦極其切意，所以黃庭堅說他的詞「多寓以詩人句法」。

可以說，晏幾道的詞豔而不俗，淺處皆深，將豔詞小令從語言的精度和情感的深度兩個層面上發展到了極致。

第二節 ▶ 曾鞏兄弟

一、曾鞏

曾鞏（1019-1083），字子固，臨川南豐（今江西撫州南豐縣）人。宋嘉祐二年（1057）登進士第，任太平州司法參軍。翌年，奉召回京，編校史館書籍，遷館閣校勘、集賢校理。熙寧二年（1069）先後在齊、襄、洪、福、明、亳等州任知州，頗有政聲。元豐三年（1080），徙知滄州，過京師，神宗召見時，他提出節約為理財之要，頗得神宗賞識，留為三班院供事。元豐四年，神宗以其精於史學，委任史館修撰，編纂五朝史綱，未成。元豐五年，拜中書舍人。次年卒於江寧府。理宗時追諡文定。有《元豐類稿》和《隆平集》傳世。

曾鞏是唐宋古文八大家之一，以文名顯耀於世。事實上，他本人是以詩文兼重而自期的，其《王平甫文集序》中藉對朋友的評價表述了這一觀念：

> 古今作者，或能文，不必工於詩；或長於詩，不必有文。平甫獨兼得之。

雖然曾鞏生前與身後都不曾以詩見稱，但他一生作詩也並不少，有四百餘首傳世。其詩或雄渾瑰偉，或委婉超逸，無不含義深刻，妙趣橫生。有些詩中還抒發了不見於文的思想和情感。在文章裡，曾鞏不像歐陽修那樣指陳時弊，而在詩中卻往往有所涉

及。如《胡使》詩：

南粟鱗鱗多送北，北兵林林長備胡。胡使一來大梁下，塞頭彎弓士如無。折衝素恃將與相，大策合副艱難須。還來裡閭索窮骨，斗食尺衣皆北輸。中原相觀嘆失色，胡騎日肥妖氣粗。九州四海盡帝有，何不用胡藩北隅？

這樣的言語，在曾鞏的論政之文中不曾有過。「斗食尺衣皆北輸」，「胡騎日肥妖氣粗」，這是對北宋朝廷刮民髓、齎盜糧的苟安政策的生動概括。作為循循儒者的曾鞏，於此也慷慨指責起來。

曾鞏還有五古《追租》一詩：

耕耰筋力苦，收刈田野樂。鄉鄰約來往，樽酒追酬酢。生涯給俯仰，公斂忘厚薄。胡為此歲暮，老少顏色惡？國用有緩急，時議廢量度。內外奔氣勢，上下窮割剝。今歲九夏旱，赤日萬里灼。陂湖感埃堨，禾黍死磽确。眾期必見省，理在非可略。謂須倒廩賑，詎止追租閣。吾人已迫切，此望亦迂邈。奈何呻吟訴，卒受鞭捶卻。寧論救憔悴，反與爭合龠。問胡應驅迫，久已羅罥涸。計須賣強壯，勢不存尪弱。去歲已如此，愁呼遍郊郭。飢羸乞分寸，斯須死笞縛。法令尚修明，此理可驚愕。公卿飽天祿，耳目知民瘼。忍令瘡痍內，每肆誅求虐。但憂值空虛，寧無挺犁钁。暴吏理宜除，浮費義可削。吾臥避囂喧，茲言偶斟酌。試起望遺村，霾風

振墟落。

詩中寫到天旱民飢，而官方不恤，極表曾鞏為民請命之意。

曾鞏也有一些詠懷詩，流露其歷任地方官職，鞠躬盡瘁，而不被重用的些許不滿。如《東軒小飲呈坐中》：

> 二年委質繫官次，一日偷眼看青山。念隨薄祿困垂首，似見故人羞滿顏。及門幸得二三友，把酒能共頃刻間。海魚腥鹹聊復進，野果酸澀誰能刪。談劇清風生麈柄，氣酣落日解帶鐶。瑰材壯志皆可喜，自笑我拙何由攀。高情坐使鄙吝去，病體頓覺神明還。簡書皇皇奔走地，管庫碌碌塵埃間。功名難合若捕影，日月遽易如循環。不如飲酒不知厭，欲罷更起相牽扳。

又如《人情》：

> 人情當面蔽山丘，誰可論心向白頭！天祿閣非真學士，玉麟符是假諸侯。詩書落落成孤論，耕釣依依憶舊游。早晚抽簪江海去，笑將風月上扁舟。

曾鞏還有一些詠寫自然風物的詩作，頗有風致。如：

> 亂條猶未變初黃，倚得東風勢便狂。解把飛花蒙日月，不知天地有清霜。（《詠柳》）

海浪如雲去卻回，北風吹起數聲雷。朱樓四面鉤疏箔，臥看千山急雨來。(《西樓》)

　　雨過橫塘水滿堤，亂山高下路東西。一番桃李花開盡，惟有青青草色齊。(《城南二首》之一)

　　樹杪蒼崖路屈盤，半崖亭樹午猶寒。平時舉眼看山處，到此憑欄直下看。(《半山亭》)

　　元代劉壎認為曾鞏「平生深於經術，得其理趣；而流連光景，吟風弄月，非其好也。往往宋人詩體多尚賦，而比與興寡，先生之詩亦然」[21]。其實，曾鞏並非只善賦體，還尤其長於比興，像上述詩作，可以說是形象鮮明，頗得唐人神韻。

　　曾鞏還創作有詞，但數量不多，《全宋詞》錄一首《賞南枝》：

　　暮冬天地閉，正柔木凍折，瑞雪飄飛。對景見南山，嶺梅露、幾點清雅容姿。丹染萼、玉綴枝。又豈是、一陽有私。大抵是、化工獨許，使占卻先時。霜威莫苦凌持。此花根性，想群卉爭知。貴用在和羹，三春裡、不管綠是紅非。攀賞處、宜酒巵。醉捻嗅、幽香更奇。倚闌干、仗何人去，囑羌管休吹。

曾鞏在詩詞的創作中展示了自我真實的各種情感，與文中的那種儒者形象完全不同，構合起來，才更為真實全面。

二、曾布

曾布（1036-1107），字子宣，臨川南豐（今江西撫州南豐縣）人。宋嘉祐二年（1057），與兄鞏同登進士第。調宣州司戶參軍，懷仁令。熙寧二年（1069），經王安石推薦，受到宋神宗賞識，主管新法的推行工作，與呂惠卿共同制訂免役、保甲等法，卓有成效，升任三司使。熙寧七年，守舊派以皇太後及諸王為首，掀起反變法高潮，宋神宗動搖。曾布為迎合宋神宗，捏造理由打擊主管市易法的呂嘉問等人，引起新法派內部的分裂，遂出知饒州（今江西鄱陽縣）。元豐（1078-1085）中歷知桂、秦、陳、蔡、慶諸州。元豐末年復任翰林學士。哲宗元祐初，出知太原、真定、河陽、青、瀛等州知府。紹聖元年（1094），宋哲宗親政，經宰相章惇引薦，任同知樞密院事，力贊章惇「紹述」之說，與章惇一起主持對西夏的開邊活動。但在開邊、恢復新法和打擊元祐黨人的活動中，他常與章惇、蔡卞等人持有異議，還阻撓呂惠卿回朝任職。在立宋徽宗時，曾布附和向太後，排斥章惇，升任尚書右僕射兼中書侍郎。後因引用親戚，為蔡京所攻擊，罷為觀文殿大學士，知潤州，累貶廉州司戶。後徙舒州，提舉崇福宮。大觀元年卒於潤州，年七十二。諡文肅。曾布所留存詩詞不多，詞作有些特色。《全宋詞》存其詞八首，一首為《江南好》：

江南客，家有寧馨兒。三世文章稱大手，一門兄弟獨良眉。藉甚眾多推。千里足，來自渥窪池。莫倚善題鸚鵡賦，青山須待健時歸。不似傲當時。

　　其餘七首是組曲《水調歌頭》，這使曾布詞作別具一格。詞作詠寫唐代馮燕之事，有的語意慷慨激昂，如《排遍第一》：

　　魏豪有馮燕，年少客幽並。擊球鬥雞為戲，游俠久知名。因避仇、來東郡。元戎留屬中軍。直氣凌貔虎，須臾叱吒風雲。凜凜坐中生。
　　偶乘佳興。輕裘錦帶，東風躍馬，往來尋訪幽勝。游冶出東城。堤上鶯花繚亂，香車寶馬縱橫。草軟平沙穩。高樓兩岸春風，語笑隔簾聲。

　　有的旖旎動人，如《排遍第二》：

　　袖籠鞭敲鐙。無語獨間行。綠楊下、人初靜。煙淡夕陽明。窈窕佳人，獨立瑤階，擲果潘郎，瞥見紅顏橫波盼，不勝嬌軟倚銀屏。
　　曳紅裳，頻推朱戶，半開還掩，似欲倚、咿啞聲裡，細說深情。因遣林間青鳥，為言彼此心期，的的深相許，竊香解佩，綢繆相顧不勝情。

　　有的淒愁欲絕，如《排遍第五》：

鳳凰釵、寶玉雕零。慘然悵，嬌魂怨，飲泣吞聲。還被
凌波呼喚，相將金谷同游，想見逢迎處，揶揄羞面，妝臉淚
盈盈。醉眠人、醒來晨起，血凝蠶首，但驚喧，白鄰里、駭
我卒難明。思敗幽囚推究，覆盆無計哀鳴。丹筆終誣服，闔
門驅擁，銜冤垂首欲臨刑。

這一組詞以敘事為主，抒情為輔，堪稱北宋詞史上為數不多
的敘事詞之一。尤其是以組詞詠寫歷史題材，在當時比較罕見，
曾布詞因此顯得別具特色。這也體現出當時慢詞形式已逐漸被接
受，並被文人士大夫熟練地掌握和運用的情況。

第三節 ▶ 王安石兄弟

一、王安石

王安石（1021-1086），字介甫，晚號半山，小字獾郎，封荊
國公，世人又稱王荊公、臨川先生。撫州臨川（今江西撫州）
人。慶曆二年（1042）登楊寘榜進士第四名，先後任淮南判官、
鄞縣知縣、舒州通判、常州知州、提點江東刑獄等地方官吏。治
平四年（1067）神宗初即位，詔安石知江寧府，旋召為翰林學
士。熙寧二年（1069）提為參知政事。從熙寧三年起，兩度任同
中書門下平章事，推行新法，力圖通過新法來達到富國強兵的目
的。但由於變法的程度很激烈，所以儘管得到神宗的支持，還是
引起了保守勢力乃至主張穩健改革的蘇軾等人的反對，導致了長

達數十年的新舊黨爭。熙寧九年罷相後，隱居不出，從此退出了政壇。宋哲宗元祐元年（1086），在舊黨東山再起、新政被全部廢除後，王安石病死於江寧（今江蘇南京）鐘山，諡號文。其生平一般劃分為三個時期：（1）一二一至一〇六八年，讀書、入仕、準備變法的時期；（2）一〇六九至一〇七六年，第二次罷相與主持變法時期；（3）一〇七七至一〇八六年，晚年退居時期。

《宋史·王安石傳》有較可信的相關記載：

少好讀書，一過目終身不忘。其屬文動筆如飛，初若不經意，既成，見者皆服其精妙。友生曾鞏攜以示歐陽修，修為之延譽。擢進士上第……調知鄞縣，起堤堰，決陂塘，為水陸之利，貸穀與民，出息以償，俾新陳相易，邑人便之。

安石議論高奇，能以辨博濟其說，果於自用，慨然有矯世變俗之志。於是上萬言書，以為「今天下之財力日以困窮，風俗日以衰壞，患在不知法度，不法先王之政故也。法先王之政者，法其意而已。法其意，則吾所改易更革，不至乎傾駭天下之耳目，囂天下之口，而固已合先王之政矣。因天下之力以生天下之財，收天下之財以供天下之費，自古治世，未嘗以財不足為公患也，患在治財無其道爾……」後安石當國，其所注措，大抵皆祖此書。

（神宗）甫即位，命知江寧府。數月，召為翰林學士兼侍講。熙寧元年四月，始造朝入對，帝問為治所先，對曰：「擇術為先。」

　　二年二月，拜參知政事……上問：「然則卿所施設以何先？」安石曰：「變風俗，立法度，正方今之所急也。」上以為然，於是設制置三司條例司……安石令其黨呂惠卿任其事。而農田水利、青苗、均輸、保甲、免役、市易、保馬、方田諸役相繼並興，號為新法，遣提舉官四十餘輩，頒行天下……

　　三年十二月拜同中書門下平章事。明年春，京東、河北有烈風之異，民大恐。帝批付中書，令省事安靜以應天變……安石執不下……（曰）「水旱常數，堯、湯所不免，此不足招聖慮，但當修人事以應之。」……慈聖、宣仁二太后流涕謂帝曰：「安石亂天下。」帝亦疑之，遂罷為觀文殿大學士，知江陵府。

　　八年二月，復拜相。惠卿……發安石私書曰：「無使上知」者……上頗厭安石所為……安石之再相也，屢謝病求去……上益厭之，罷為鎮南軍節度使、同平章事、判江寧府……封舒國公……改封荊……元祐元年，卒，年六十六。

　　安石性強忮，遇事無可否，自信所見，執意不回。至議變法，而在廷交執不可，安石傅經義，出己意，辯論輒數百言，眾不能詘。甚者謂「天變不足畏，祖宗不足法，人言不足恤」。[22]

22　脫脫等：《宋史》卷三二七。

王安石詩歌創作非常重視其實際功用，但是同時也把詩歌看做抒情述志的工具，偏重抒寫個人的情懷，反映的生活內容更為豐富，所以詩歌創作取得了相當高的成就，後人評價甚高，如：

　　　六一雖洗削西崑，然體尚平正，特不甚當行耳。推轂梅堯臣詩，亦自具眼。至介甫創撰新奇，唐人格調始一大變。蘇黃繼起，古法蕩然。[23]

　　　讀臨川詩，常令人尋繹於語言之外，當其絕詣，實自可與可觀，不惟於古人無愧而已……特推為宋詩中第一。其最妙者在樂府，五言古七言律次之，七言古又次之，五言律稍厭安排，七言絕尤嫌氣盛，然佳篇亦時在也。[24]

　　　向謂歐公思深，今讀半山，其思深妙，更過於歐。學詩不從此入，皆粗才浮氣俗子也。用意深，用筆布置逆順深，章法疏密，伸縮裁剪，有闊達之境，眼孔心胸大，不迫猝淺陋易盡。如此乃為作家，而用字，取材，造句可法。半山有才而不深，歐公深而才短。[25]

　　王安石的詩歌從內容上看主要以下列四類最為著稱：政治

23　胡應麟：《詩藪》，上海古籍出版社，1958 年版，第 211 頁。
24　賀裳：《載酒園詩話》，《清詩話續編》本，上海古籍出版社，1983 年版，第 418 頁。
25　方東樹著，汪紹楹校點：《昭昧詹言》，人民文學出版社，1961 年版，第 284 頁。

詩、詠古詩、詠懷詩、寫景詩。大體說來，前三類詩主要集中在他前兩期，即一〇七六年以前，後一類詩在晚年寫得更多更好，因而其詩的前後期風格亦不盡相同。

王安石詩注重反映社會現實，關心民瘼，像《河北民》描寫邊界地區人民在災年的悲慘生活，《兼並》《發廩》等批判貪官污吏，都有深刻的現實意義。重要的是，王安石的政治詩不單以一個富有同情心和責任感身份的人來寫現實、寫民生，而是以一個大政治家的眼光來探索其社會根源，尋求其政治出路。有些詩乾脆直接宣傳他的變法主張與措施，如《河北民》《兼並》《收鹽》《省兵》《發廩》《後元豐行》《歌元豐五首》等。這些詩往往以議論入詩，以古文文法入詩，直陳其事，質樸無華，充分體現出他的以「適用為本」「以文為飾」的文學觀，如《兼並》：

> 三代子百姓，公私無異財。人主擅操柄，如天持斗魁。賦予皆自我，兼並乃奸回。奸回法有誅，勢亦無自來。後世始倒持，黔首遂難栽。秦王不知此，更築懷清台。禮義日已偷，聖經久堙埃。法尚有存者，欲言時所咍。俗吏不知方，掊克乃為材。俗儒不知變，兼並可無摧。利孔至百出，小人私闔開。有司與之爭，民愈可憐哉。

對於此詩，李壁《王荊文公詩箋注》有詳細分析：

> 蘇文定公云：能使富民安其富而不橫，貧民安其貧而不匱，貧富相恃以為長久，而天下定矣。王介甫，小丈夫也。

不忍貧民，而深疾富民以惠貧民，不知其不可也。方其未得志也，為《兼並》之詩，及其得志，專以此為事。設青苗法，以奪富民之利。民無貧富，兩稅之外，皆出重息，公私皆病矣……其徒世守其學，刻下媚上，謂之饗上。有一不饗上，皆廢不用，至於今日，民遂大病。源其禍，出於此詩。蓋昔之詩病未有若此酷者也。此公異日引國服為息之證，以行青苗之張本也。[26]

又《後元豐行》：

> 歌元豐，十日五日一雨風，麥行千里不見土，連山沒雲皆種黍。水秧綿綿復多稌，龍骨長干掛梁梠。鰣魚出網蔽洲渚，荻筍肥甘勝牛乳。百錢可得酒斗許，雖非社日長聞鼓。吳兒踏歌女起舞，但道快樂無所苦。老翁塹水西南流，楊柳中間杙小舟。乘興敧眠過白下，逢人歡笑得無愁。

詩作列寫了元豐時續行新法的一系列成效，展示出作者因自己主張變法而使民受益的高興心情。當然，詩作寫於王安石被迫辭去宰相之職閒居在家時，此時的複雜心情可以想見。

王安石寫得更為出色的是詠史詩。他繼承了左思、杜甫以來

---

26 王安石撰，李壁箋注：《王荊文公詩箋注》，中華書局，1958 年版，第 69 頁。

借詠史以述志的傳統，對歷史人物和歷史事件表達了獨特的看法，從而抒發自己的政治感情。如《賈生二首》之二：

> 一時謀議略施行，誰道君王薄賈生？爵位自高言盡廢，古來何啻萬公卿。

前人詠寫賈誼，大多著眼於他才高位下的悲劇命運，王安石詩卻獨排眾議，認為賈誼的政治主張多被漢廷採納，他作為政治家的命運遠勝過那些徒得高官厚祿者。王安石這裡借詠史以明志，字裡行間隱約可見王安石本人的政治家風采。其《明妃曲二首》更是傳誦一時的名作：

> 明妃初出漢宮時，淚濕春風鬢腳垂。低回顧影無顏色，尚得君王不自持。歸來卻怪丹青手，入眼平生未曾有。意態由來畫不成，當時枉殺毛延壽。一去心知更不歸，可憐著盡漢宮衣。寄聲欲問塞南事，只有年年鴻雁飛。家人萬里傳消息：好在氈城莫相憶。君不見咫尺長門閉阿嬌，人生失意無南北！
> 明妃初嫁與胡兒，氈車百輛皆胡姬。含情欲說獨無處，傳與琵琶心自知。黃金捍撥春風手，彈看飛鴻勸胡酒。漢宮侍女暗垂淚，沙上行人卻回首。漢恩自淺胡自深，人生樂在相知心。可憐青冢已蕪沒，尚有哀弦留至今！

唐人詠寫王昭君多罵毛延壽，又多寫昭君之顧戀君恩。而王

安石此詩卻說昭君美貌本非畫像所能傳達，其流落異域的命運未必比終老漢宮更為不幸，都體現了宋人在唐詩之外求新求變的精神。特別是「君不見咫尺長門閉阿嬌，人生失意無南北」一句，指出昭君的悲劇乃是古今宮嬪的共同命運，議論精警奇突，充分體現出宋詩長於議論的特徵。對此詩，古人多持有異議，亦可見出創新求變之不易：

> 王介甫《明妃曲》二篇，詩猶可觀，然意在翻案，如「家人（至）南北」，其後篇益甚，故遭人彈射不已⋯⋯大都詩貴人情，不須立異。後人欲求勝古人，遂愈不如古耳。[27]

> 「低回」二句，言漢帝之猶有眼力，勝於神宗。「意態」句言人不易知。「可憐」句用意忠厚。末言君恩之不可恃。「漢恩」二句即「與我善者為善人」意，本普通公理，說得太露耳。二詩荊公自己寫照之最顯者。[28]

> 詩人多作《明妃曲》，以失身胡虜為無窮之恨。安石則曰：「漢恩自淺胡自深，人生樂在相知心。」然則劉豫不是罪過，漢恩淺而虜恩深也。孟子曰：「無父無君，是禽獸也。」以胡虜有恩，而遂忘君父，非禽獸而何！[29]

27　賀裳：《載酒園詩話》，《清詩話續編》本，第 220 頁。
28　王安石撰，李壁箋注：《王荊文公詩箋注》，第 66 頁。
29　王安石撰，李壁箋注：《王荊文公詩箋注》，第 67 頁。

177

王安石詠懷詩大多寫其抱負及出處進退之間的矛盾心理，感情深摯，格高韻遠，既有政治家的風度，又有詩人的氣質。如：

缺月昏昏漏未央，一燈明滅照秋床。病身最覺風露早，歸夢不知山水長。坐感歲時歌慷慨，起看天地色淒涼。鳴蟬更亂行人耳，正抱疏桐葉半黃。（《葛溪驛》）

城郭山林路半分，君家塵土我家雲。莫吹塵土來污我，我自有雲持寄君。（《戲贈約之二首》其一）

槿花朝開暮還墜，妾身與花寧獨異。憶昔相逢俱少年，兩情未許誰最先。感君綢繆逐君去，成君家計良辛苦。人事反覆那能知，讒言入耳須臾離。嫁時羅衣羞更著，如今始寤君難托。君難托，妾亦不忘舊時約。（《君難托》）

王安石是一個有至性的人，他也寫了不少感人的思親懷友的名作，如：

少年離別意非輕，老去相逢亦愴情。草草杯盤供笑語，昏昏燈火話平生。自憐湖海三年隔，又作塵沙萬里行。欲問後期何日是，寄書應見雁南征。（《示長安君》）

自吾失逢原，觸事輒愁思。豈獨為故人，撫心良自悲。我善孰相我？孰知我瑕疵？我思誰能謀？我語聽者誰？……我疲學更誤，與世不相宜。宿昔心已許，同岡結茅茨。此事今已矣，已矣尚誰知？渺渺江與潭，茫茫山與陂。安能久竊食，終負故人期。（《思王逢原》）

前者寫歲月流逝、兄妹離別之情，語淡情深，十分感人。後者乃懷念德才兼備卻不幸早逝的好友王令，表達自己失去一位勸善規過、志同道合的朋友的痛心。這些詩作，表現出王安石作為嚴肅、剛強的政治家的另外一面。

王安石詩歌創作的後期，最有代表性的作品是寫景抒情的絕句，這些詩作，格律精工，深得唐人風味。有些詩還深蘊禪意，有王維之風。正是這些詩使得王安石在當時詩壇上享有盛譽。黃庭堅說：

> 荊公暮年作小詩，雅麗精絕，脫去流俗，每諷味之，便覺沆瀣生牙頰間。[30]

葉夢得說：

> 王荊公晚年，詩律尤精嚴，造語用字，間不容髮。然意與言會，言隨意遣，渾然天成，殆不見有牽率排比處。[31]

曾季貍認為：

---

30 魏慶之編：《詩人玉屑》引，上海古籍出版社，1959 年版，第 372 頁。

31 葉夢得：《石林詩話》，《歷代詩話》本，中華書局，1981 年版，第 406 頁。

絕句之妙，唐則杜牧之；本朝則荊公。此二人而已。[32]

　　從宋人的這些言論來看，人們稱王詩為「王荊公體」，主要是著眼於其晚期詩風。詩作如：

　　雪干雲淨風遙岑，南陌芳菲復可尋。換得千鐶為一笑，東風吹柳萬黃金。《雪干》

　　茅簷長掃淨無苔，花木成畦手自栽。一水護田將綠繞，兩山排闥送青來。《書湖陰先生壁二首》之一

　　一陂春水繞花身，花影妖嬈各占春。縱被春風吹作雪，絕勝南陌碾成塵。（《北陂杏花》）

　　北山輸綠漲橫陂，直塹回塘灩灩時。細數落花因坐久，緩尋芳草得歸遲。（《北山》）

　　這些詩描寫細緻，修辭巧妙，韻味深永。可以說，王安石早期的詩風較多顯示了直截刻露的宋詩特徵，其晚期詩則以豐神遠韻的風格體現出向唐詩的復歸。所以王詩在當時詩壇上自成一家，其藝術成就也足以列於宋詩大家的行列。對於此，古人亦多論評：

32　曾季貍：《艇齋詩話》，《歷代詩話續編》本，中華書局，1983 年版，第 299 頁。

王荊公晚年詩律尤精嚴……至「細數落花因坐久，緩尋芳草得歸遲」，但見舒閒容與之態耳。而字字細考之，若經檃括權衡者，共用意亦深刻矣。[33]

荊公晚年《閒居》詩云：「細數落花因坐久，緩尋芳草得歸遲。」蓋本於王摩詰「興闌啼鳥換，坐久落花多」，而其辭意益工也。[34]

「細數落花」，「緩尋芳草」，其語輕清。「因坐久」，「得歸遲」，則其語典重。以輕清配典重，所以不墮唐末人句法中，蓋唐末人詩輕佻耳。[35]

王安石還特別工於六言絕句，他綜合了古體詩與近體詩的特點，往往用兩句對仗，兩句不對仗的形式，來彌補六絕在節奏、聲律方面的缺陷。其六絕主要有《宮詞》《題西太一宮壁》二首、《題舒州山谷寺石牛洞泉穴》《西太一宮樓》等。如：

柳葉鳴蜩綠暗，荷花落日紅酣。三十六陂春水，白頭想見江南。（《題西太一宮壁二首》其一）

三十年前此地，父兄持我東西。今日重來白首，欲尋陳跡都迷。（《題西太一宮壁二首》其二）

33 葉夢得：《石林詩話》，《歷代詩話》本，第 406 頁。
34 吳開：《優古堂詩話》，《歷代詩話續編》本，第 266 頁。
35 吳可：《藏海詩話》，《歷代詩話續編》本，第 333 頁。

水泠泠而北出，山靡靡而旁圍。欲窮源而不得，竟悵望以空歸。（《題舒州山谷寺石牛洞泉穴》）

草際芙蕖零落，水邊楊柳欹斜。日暮炊煙孤起，不知魚網誰家。（《西太一宮樓》）

對於王安石六言絕句的藝術，蘇軾大為讚嘆，認為可能只有黃庭堅可以比肩，而黃庭堅則認為自己亦有所不及。佚名《詩事》記曰：

蘇子瞻作翰林日……見王荊公舊題六言云：「楊柳鳴蜩綠暗，荷花落日紅酣。三十六陂春水，白頭想見江南。」又云：「三十年前此地，父兄持我東西，今日重來白首，卻尋舊蹤都迷。」子瞻諷詠再三，謂魯直曰：「座間唯魯直筆力可比爾。」對曰：「庭堅極力為之，或可迫及，但無荊公之自在耳。」[36]

王安石的詩歌創作，熔議論、學問、詩律於一爐，達到「致用」「務本」的融合為一，以精嚴深刻見長，而又以閒淡新奇出之。在宋詩的發展過程中，王安石以其深邃的思想、新穎的見解及後期對詩歌藝術技巧、字句錘煉的探索，至而喜歡用典，在散文化的長篇裡發表議論等，對宋詩獨特風貌的探索與形成產生了

　36　郭紹虞：《宋詩話輯佚》，中華書局，1980 年版，第 527 頁。

較大的影響。

王安石的詩歌注重語言的運用，講究鑄字煉句，在詩歌藝術技巧上能以工取勝：

> 大抵荊公閱唐詩多，於去取之間，用意尤精。[37]
>
> 王介甫以工，蘇子瞻以新，黃魯直以奇。[38]
>
> 介甫五七言絕，當代共推，特以工致勝耳，於唐自遠……至七言諸絕。宋調坌出，實蘇黃前導也。[39]

這種以工取勝的作品如大家熟悉的《泊船瓜洲》：

> 京口瓜洲一水間，鐘山只隔數重山。春風又綠江南岸，明月何時照我還。

詩中之「綠」字，經過多次修改，洪邁《容齋續筆》記：

> 王荊公絕句云：（即上引，略）吳中士人家藏其草，初云：「又到江南岸」，圈去「到」字，注曰「不好」，改為「過」，復圈去而改為「入」，旋改為「滿」，凡如是十許字，

37　葉夢得：《石林詩話》，《歷代詩話》本，第 421 頁。

38　陳師道：《後山詩話》，《歷代詩話》本，第 306 頁。

39　胡應麟：《詩藪》，第 227 頁。

始定為「綠」。[40]

宋人詩歌特色有「以文字為詩」「以才學為詩」「以議論為詩」之稱，其中「以才學為詩」，也始自王安石等人。曾季貍《艇齋詩話》說：

> 荊公詩及四六，法度甚嚴。湯進之丞相嘗云：「經對經，史對史，釋氏事對釋氏事，道家事對道家事。」此說甚然。[41]

用事、用典已堪稱以才學為詩了，而至於「經對經，史對史」之類，其對才學的運用可謂到了極致，這類作品如：

> 茅簷長掃靜無苔，花木成畦手自栽。一水護田將綠繞，兩山排闥送春來。（《書湖陰先生壁》）
> 得賢方慕北山萊，赤白中天二府開。功謝蕭規慚漢第，恩從隗始詫燕台。曾留上主經過跡，更費高人賦詠才。自古落成須善頌，掃除東閣望公來。（《張侍郎示東府新居詩因而和酬二首》）

40　洪邁：《容齋續筆》，學苑出版社，2001 年版，第 449 頁。
41　曾季貍：《艇齋詩話》，《歷代詩話續編》本，第 310 頁。

對於詩中的用典，前人評道：

荊公詩用法甚嚴，尤精於對偶。嘗云，用漢人語止可以
漢人語對，若參以異代語，便不相類。如「一水」之類，皆
漢人語也。此法唯公用之，不覺拘窘卑凡。如「周顒宅在阿
蘭若，婁約身隨窣堵波」，皆以梵語對梵語，亦此意。嘗有
人面稱公詩：「自喜田園安五柳，但嫌屍祝擾庚桑」之句，
以為的對。公笑曰：「伊但知柳對桑為的，然『庚』亦自是
數。」蓋以十干數之也。[42]

荊公嘗有詩曰：「功謝蕭規慚漢第，恩從隗始詫燕台。」
或謂公曰：「蕭何萬世之功，則功字固有來處，若『恩』字
未見有出也。」荊公答曰：「韓集《鬥雞聯句》，則孟郊云：
『受恩慚始隗。』」則知荊公詩用法之嚴如此。然「一水護
田將綠繞，兩山排闥送青來」之句，乃以樊噲「排闥」事對
「護田」，豈「護田」亦有所出邪？[43]

宋詩之所以會形成與唐詩不同的特色，議論成分的增強是一
個重要因素。宋代，議論不但充溢於各體散文，而且大量出現在
詩歌之中。當然，過多的議論會削弱詩歌的表情功能，像理學家
的詩歌一樣變成押韻的語錄，但是適度的議論，則為詩歌開闢了

---

42 葉夢得：《石林詩話》，《歷代詩話》本，第 422 頁。
43 葛立方：《韻語陽秋》，《歷代詩話》本，第 492 頁。

新的題材範圍和美學境界，因此，宋人的詠史詩、哲理詩便因議論而取得了成功。儘管如此，在王安石之前，議論仍僅限於古體或律詩這樣較長篇幅的詩中，王安石卻進一步將議論引入絕句等短制，使議論滲進宋詩中的有可能的每一個角落。作品如：

> 一時謀議略施行，誰道君王薄賈生？爵位自高言盡廢，古來何曾萬公卿。（《賈生》）
>
> 飛來山上千尋塔，聞說雞鳴見日升。不畏浮雲遮望眼，自緣身在最高層。（《登飛來峰》）

前詩詠寫賈誼，通篇發議論，通過對歷史人物功過得失的評價，抒發了自己的獨特的也可以說是政治上的見解。後詩前半寫景，後半議論，蘊含站得高看得遠的道理，這在詩人，是雄心勃勃的自勉，對讀者，則是引人向上的啟迪。

王安石詞僅存二十九首，卻頗具開創性。他的詞已脫離了晚唐五代以來柔軟香豔的樊籬，以抒發自我的性情懷抱為主，並進一步轉向對歷史和現實社會人生的反思，使詞具有一定的歷史感和現實感。如《桂枝香·金陵懷古》：

> 登臨送目，正故國晚秋，天氣初肅。千里澄江似練，翠峰如簇。征帆去棹殘陽裡，背西風，酒旗斜矗。彩舟雲淡，星河鷺起，畫圖難足。念往昔、繁華競逐，嘆門外樓頭，悲恨相續。千古憑高，對此謾嗟榮辱。六朝舊事隨流水，但寒煙衰草凝綠。至今商女，時時猶唱，《後庭》遺曲。

這是一首著名的懷古詞，通過對六朝歷史興亡的反思，表現對現實社會危機的憂慮。寫景如繪，意境高遠。《詞林紀事》引《古今詞話》語云：

> 金陵懷古，諸公寄調於《桂枝香》者三十餘家，獨介甫最為絕唱。東坡見之嘆曰：「此老乃野狐精也！」[44]

再如懷古詠史詞《浪淘沙令》：

> 伊呂兩衰翁，歷遍窮通。一為釣叟一耕傭。若使當時身不遇，老了英雄。湯武偶相逢，風虎雲龍。興王只在笑談中。直至如今千載後，誰與爭功。

詞作表層為詠嘆伊尹、呂尚因君臣際遇而建立奇功，深層則是慨嘆自我的懷才不遇，寄寓著風雲際會以建立功勳的人生理想。

王安石這些詞的表現功能已由應歌娛人轉向言志自娛，標誌著詞風向詩風的靠攏。他還有些風格頗似晚年小詩的詞，精工婉轉，含蓄雋永。如《漁家傲》：

> 平岸小橋千嶂抱，柔藍一水縈花草。茅屋數間窗窈窕。

塵不到，時時自有春風掃。午枕覺來聞語鳥，欹眠似聽朝雞早。忽憶故人今總老。貪夢好，茫然忘了邯鄲道。

詞作寫詞人退居鐘山時的閒適心情。上片寫鐘山周圍環境：群山擁抱，一水環繞，平岸小橋，數椽草屋。下片著重寫閒居生活：午睡醒來，鳥鳴雀噪，詞人倚枕而聽，仿佛晨雞啼唱。結尾借用「邯鄲道」事典，隱喻昔日政治上遭遇的挫折不過是人生道路上的虛幻。此詞可以看出作者退出政治漩渦後的心境。

二、王安國、王安禮

王安石與其兄弟王安國、王安禮是宋代江西臨川王氏家族作家群中的傑出代表，他們的詩詞創作有異也有同，一起組構出了江西臨川王氏家族詩國乃至臨川文學的興盛。

王安國（1028-1074），字平甫，臨川（今江西撫州）人，王安石四弟。自幼聰慧，操筆為文皆有條理，年十二時，出其所作銘、詩、賦、論數十篇，觀者驚嘆。屢舉進士不第。神宗熙寧初，因韓絳的舉薦，召試，賜進士及第，除武昌軍節度推官、西京國子監教授。秩滿，授崇文院校書，改秘閣校理。因與呂惠卿有隙，惠卿以鄭俠之事誣陷，奪官放歸田里。熙寧七年八月卒，年僅四十七。家人將其詩文編為文集一百卷（曾鞏《王平甫文集序》），《宋史·藝文志》著錄有《王安國集》六十卷、《序言》八卷。大多已佚，今詩詞於《全宋詩》錄其詩一卷，《全宋詞》收其詞三首。

王安國詩歌多為寄情山水之作，藝術上格律穩健，風韻秀

雅，足以名家。如：

> 古屋蕭蕭臥不周，弊裘起坐與綢繆。千山月午乾坤畫，
> 一壑泉鳴風雨秋。跡入塵中慚有累，心期物外欲何求！明朝
> 松路須惆悵，忍更無詩向此留。（《游廬山宿棲賢寺》）
>
> 滕王平日好追游，高閣依然枕碧流。勝地幾經興廢事，
> 夕陽偏照古今愁。城中樹密千家市，天際人歸一葉舟。極目
> 煙波吟不盡，西山重迭亂雲浮。（《滕王閣感懷》）

詩作寄情於景，情景交融，含蓄渾厚，實為上乘之作。

王安國亦擅詞，並能打破詞的香豔傳統，將豐富的社會人生
內容融入詞中。如《清平樂・春晚》：

> 留春不住，費盡鶯兒語。滿地殘紅宮錦污，昨夜南園風
> 雨。小憐初上琵琶，曉來思繞天涯。不肯畫堂朱戶，春風自
> 在梨花。

詞作從聽覺與視覺感受出發，以音響與色彩勾勒出一幅殘敗
的暮春圖畫，表達了詞人傷春、惜春、慨嘆美好年華逝去的情
懷，寄寓了作者深沉的身世感慨。再如其《減字木蘭花・春
情》：

> 畫橋流水，雨濕落紅飛不起。月破黃昏，簾裡餘香馬上
> 聞。徘徊不語，今夜夢魂何處去。不似垂楊，猶解飛花入洞

房。

　　這是一首傷別詞，寫女子的閨怨情愁，委婉動人，全詞造語工麗，以含蓄見長。

　　王安禮（1034-1095），字和甫，撫州（今江西臨川）人，王安石之弟。嘉祐六年（1061）登進士第。歷直舍人院，同修起居注。蘇軾下獄時，情勢危急，無人敢言救。王安禮從容為神宗言之，蘇軾因此得以輕減。後因星變之事上言，甚切至，進翰林學士。曾知開封府，斷滯訟，未三月，三獄院及幾赤十九邑，囚殺皆空。元豐四年（1081），任尚書左丞。因諫阻神宗派李憲攻西夏事，為御史所劾，出知江寧府（今江蘇南京）。元祐中，加資政殿學士，歷知揚、青、蔡、舒四州。紹聖二年（1095），出知太原府。翌年卒於任所。贈右銀青光祿大夫，封魏公。著有文集二〇卷，明中葉後散佚，現有《王魏公集》八卷傳世。

　　王安禮的詩歌今留存四十三首，題材豐富，涉及寄贈詠懷、過訪酬答、記游嘉會、慶筵祝壽等方面。寄贈詠懷之作如《送吳殿中知景陵》：

　　　　柘上論功使節臨，奏書傾動士人林。沙堤通箱沾新寵，澤國鳴弦試好音。郭畔黃蘆宜日晚，水邊紅橘與秋深。君才八九吞雲夢，應笑《離騷》向此吟。

　　詩作送別懷人，寫景清麗，情感真實，堪為佳作。
　　記游嘉會的如《游齊山》：

曾隨嘉客在層巒，秋色陰晴一望間。洞外暫乘雲縹緲，
林端時露水灣環。維舟暇日來尋勝，經世高才卻愛閒。聞說
使君歌舞去，盛游應不減東山。

詩作以清新自然的筆觸，描繪了齊山誘人的風光，抒發了作
者登山臨水的愉悅心情。

王安禮亦有一些反映民生的詩作，如《麥院輸麥二十二韻呈
開父》，詩中寫道：

昨者得州帖，輸租被公選。麥舍只容膝，侍立如牛喘。
逢逢鼓咽耳，漠漠塵瞖眼。微風六月息，烈日四簷短。一坐
灑腥雨，萬夫揮午汗。斗升煩較量，朱墨謾勾竄。豈惟畏刑
書，農事寧可緩。

詩作描寫農民頂著炎炎烈日，辛辛苦苦耕種，所收糧食只能
送給官府抵償官債的狀況，表達了作者對農民深切的同情。

王安禮兼擅各體，其所存詩歌中有五絕、七絕、五律、七律
和排律等體式。各體均挺拔流美，言隨意遣，渾然天成。詩作特
色亦如其兄，往往體現出以散文句法入詩、以議論入詩的宋詩特
質。

當然，因王安禮長期處於官宦之中，並常以經綸自任，沒有
王安石般的政治家胸懷，所以參政議政、揭露時弊等方面不如其
兄，在藝術成就上也遜於王安石。

王安禮亦填有不少詞作，如：

雅出群芳。占春前信息，臘後風光。野岸郵亭，繁似萬點輕霜。清淺溪流倒影，更黯淡、月色籠香。渾疑是、姑射冰姿，壽陽粉面初妝。多情對景易感，況淮天庾嶺，迢遞相望。愁聽龍吟淒絕，畫角悲涼。念昔因誰醉賞，向此際、空惱危腸。終須待結實，恁時佳味堪嘗。（《萬年歡》）

薰風微動，方櫻桃弄色，萱草成窠。翠幃敞輕羅。試冰簟初展，幾尺湘波。疏簾廣廈，寄瀟灑、一枕南柯。引多少、夢中歸緒，洞庭雨棹煙蓑。驚回處，閒畫永，但時時，燕雛鶯友相過。正綠影婆娑。況庭有幽花，池有新荷。青梅煮酒，幸隨分、贏得高歌。功名事、到頭終在，歲華忍負清和。（《瀟湘憶故人慢》）

詞作用詞典雅，意境清幽，情感細膩，委婉曲折，在抒寫個人情感方面，是對詩作方面不足的彌補。

第四節 ▶ 贛東其他詩人

一、「二謝」

謝逸與其弟謝薖都能詩，又都隱居終身，都被列名《江西詩社宗派圖》，並稱「二謝」。

謝逸（？-1113），字無逸，號溪堂居士，撫州臨川（今江西撫州）人。少年喪父，博學有才，屢舉進士不中，布衣終身，死時年不滿五十。今存作品主要有《溪堂集》十卷，共收詩二三四

首。

謝逸有才名，曾作詠蝴蝶詩三百首，中有：「身似何郎全傅粉，心如韓壽愛偷香」，「飛隨柳絮有時見，舞入梨花無處尋」等，一時傳誦，人稱「謝蝴蝶」。謝逸在當時極有影響，黃庭堅亦相當欣賞，據《苕溪漁隱叢話》引述惠洪《冷齋夜話》云：

> 謝逸字無逸，臨川縣人，勝士也，工詩能文。黃魯直讀其詩曰：「晁、張流也，恨未識之耳。」無逸詩曰：「老鳳垂頭噤不語，枯木槎牙噪春鳥。」又曰：「貪夫蟻旋磨，冷官魚上竹。」又曰：「山寒石髮瘦，水落溪毛雕。」為魯直所稱賞。[45]

謝逸詩學黃庭堅，他本人沒見過黃庭堅，但黃庭堅讀了他的詩，大為讚賞。從黃庭堅讚賞的「老鳳垂頭噤不語，枯木槎牙噪春鳥」，「山寒石髮瘦，水落溪毛雕」等詩句來看，其生新瘦硬之處，頗得黃庭堅詩的神髓。如《寄徐師川》詩：

> 門外荒園一畝餘，長拋筆硯把犁鋤。天邊風露秋期近，海外交游音訊疏。揚子家貧惟嗜酒，嵇康性懶不便書。龍沙江水連天闊，尺素何當寄鯉魚。

45 胡仔纂集，廖德明校點：《苕溪漁隱叢話》（前集），第 352 頁。

　　詩作抒寫懷念徐師川之苦況，念彼此深交，相見太疏，情所難堪。詩末以自己欲為煙波釣徒作結。造語措意，均警拔超俗，頗有黃詩風味。詩中「天邊風露秋期近，海外交游音訊疏」一聯字法句法都有明顯模仿黃詩的痕跡。

　　又《寄饒葆光》：

　　　　先生骨相不封侯，卜居但得林塘幽。家藏蠹簡幾千卷，手校韋編三十秋。相知四海執青眼，高臥一庵今白頭。襄陽耆舊節獨苦，只有龐公不入州。

　　詩寫友人饒葆光隱居不仕，居有林塘之勝，家有藏書之富，每日手自校勘，人無知者，而饒亦不求人知，高臥一庵，不入州府，確乎龐德公之流。詩作氣格閒雅淡遠，詩如其人。

　　總體說來，謝逸的詩主要寫隱居生活的情趣，雖說在思想內容上沒有很積極的意義，但情懷高潔。藝術上清朗健拔，辭意流注，正如《四庫提要》所言：「雖稍近寒瘦，然風格雋拔，時露清新。」[46]

　　謝逸還創作了不少詞，亦頗有詩的勁健挺拔，並擅用典。如《卜算子》：

　　　　煙雨冪橫塘，紺色涵清淺。誰把並州快剪刀，剪取吳江

　　46　《四庫全書總目》卷一五五。

半。隱几岸烏巾，細葛含風軟。不見柴桑避俗翁，心共孤雲遠。

　　詞作大多化用前人詩意或全用成句，為典型的江西詩派詞風。首句「煙雨冪橫塘」，句法全襲杜甫《秋日荊南送石首薛明府辭滿告別三十韻》中的「煙雨封巫峽」句；三、四兩句完全化用杜甫《戲題王宰畫山水圖歌》中的「焉得並州快剪刀，剪取吳松半江水」。下片首句「隱几岸烏巾」，亦可從杜詩中找到痕跡：杜詩《小寒食舟中作》云「隱几蕭條戴鶡冠」，《南鄰》詩云：「錦裡先生烏角巾」；至於「細葛含風軟」，則全用杜詩《端午日賜衣》成句。三、四句中，「避俗翁」，指陶淵明，杜甫《遣興五首》其三云「陶潛避俗翁」；「孤雲」出陶詩《詠貧士七首》其一「萬族各有托，孤雲獨無依；暖暖空中滅，何時見餘暉」；杜詩《西閣二首》其一亦云「百鳥各相命，孤雲無自心」，等等。在藝術上，景物煙雨空濛，水色天青；人物是烏巾葛衣，心逐孤雲，隱自恬淡。二者和諧完美，全無香澤，堪稱逸調。再如《蝶戀花》：

　　　　豆蔻梢頭春色淺。新試紗衣，拂袖東風軟。紅日三竿簾幕卷，畫樓影裡雙飛燕。攏鬢步搖青玉碾。缺樣花枝，葉葉蜂兒顫。獨倚闌干凝望遠，一川煙草平如剪。

　　詞作以委婉含蓄的筆調，寫女子春日裡見春燕雙飛而自悲獨居、油然懷遠的情懷。全詞感情曲折多變而又深婉不露，極盡婉

約之美。在謝逸詞中，又別是一種風味。

謝薖（？-1115），字幼盤，號竹友居士，謝逸之弟。舉進士不第，以布衣終。與兄謝逸俱有詩名，時稱「二謝」。著有《竹友集》十卷，其中詩七卷。今存作品有《謝幼盤文集》十卷，共收詩二七二首。

謝薖詩的內容與謝逸詩相仿，主要寫隱居生活的寧靜恬謐，但詩名不如謝逸。其藝術風格雖有輕雋清新的一面，但由於受黃庭堅的影響較深，也有一些生硬過甚的弊端。《有懷如璧道人二首》（其二）：

每憶詩人賈閬仙，投冠去學祖師禪。塵埃不染心如鏡，妙句何妨與世傳。

謝薖亦有詞的創作，內容上多為男女相思情愛，但洗卻了「花間詞」的脂粉香豔氣息，抒情委婉蘊藉，風格清新幽曠。如《菩薩蠻·梅》：

相思一夜庭花發，窗前忽認生塵襪。曉起豔寒妝，雪肌生暗香。佳人纖手摘，手與花同色。插鬢有誰宜，惟應潘玉兒。

又《鵲橋仙》：

月朧星淡，南飛烏鵲，暗數秋期天上。錦樓不到野人

家，但門外、清流疊嶂。一杯相屬，佳人何在，不見繞梁清唱。人間平地亦崎嶇，嘆銀漢、何曾風浪。

二詞均傷心懷人之事，作者眼前景、心內情，巧妙地糅合一起，起承轉合，流暢無間，當為佳作。

二、饒節

饒節（1065-1129），字德操，一字次守，撫州臨川（今江西撫州）人。三十八歲時出家為僧，法名如璧，自號倚松老人。其作品今存《倚松老人詩集》二卷，計三七四首。

許顗《彥周詩話》載：

> 饒德操為僧，號倚松道人，名曰如璧。作詩有句法，苦學副其才情，不愧前輩。[47]

張邦基《墨莊漫錄》（卷五）錄有其一聯與一詩。聯為《詠梅花》：「遂教天下無雙色，來作人間第一春。」詩為《答呂居仁寄詩》：「長憶吟詩對短檠，詩成重改又雞鳴。如今老矣無心力，口誦君詩繞竹行。」[48]

---

47 許顗：《彥周詩話》，《歷代詩話》本，第 397 頁。
48 傅璇琮：《古典文學研究資料匯編‧黃庭堅和江西詩派卷》，中華書局，1978 年版，第 725 頁。

又《次韻趙承之殿撰二首之一》：

> 晚辭富貴功名士，竟作東西南北人。早歲衣冠如昨夢，平生筆墨累閒身。時情尺水翻千丈，世故秋毫寓一塵。自有使群天下士，新詩揮掃喚人頻。

饒節詩的內容主要是抒寫閒逸的山林之思，詩風比較平易流暢，並沒有太多的雕琢之功，顯示出江西詩派中的不同風格。當然，也有時代的痕跡，如《次韻答呂居仁》中句「我已定交木上座，君猶求舊管城公」，其用典方式，很有江西詩派的特色。

三、汪革

汪革（1071-1110），字信民，號青溪，撫州臨川（今江西撫州）人。少時就學於呂希哲門下，工詩文，有才名。紹聖四年（1097），禮部會試第一，為長沙教授。後任宿州教授，曾傍溪蓋房，取名「青溪堂」。他一邊教學，一邊從事著述。所作詩，風格挺拔，為世所稱道。呂希哲將他比作後漢時的黃憲、茅蓉，其孫呂本中經常同汪革切磋，成為莫逆之交。不久，為楚州教官，卒於任上。著有《青溪類稿》若干卷、《論語直解》十卷、《菜根談》一卷，均佚。今僅從《東萊呂紫微詩話》等宋人著作中輯得佚詩五首和斷句若干。

張泰來《江西詩社宗派圖錄》云：

革字信民。臨川人。試禮部第一，分教長沙，於文無不

精到，曾代滎陽公作張子厚哀詞，膾炙一時。為詩尤警拔絕
倫。謝無逸號溪堂居士，寄詩贈之，有「溪堂春水想扶疏」
之詠，德操見而嘆曰：「公詩日進，而道日遠矣。」呂舍人
殆謂其用功在此而不在彼也。信民和呂公《欲晴詩》《春日
絕句》等篇，敲字戛句，匠心獨妙。嘗謂：「人能咬得菜根
斷，則百事可做。」胡康侯聞之，擊節稱賞。生平清操，至
今尚可想見。有《清溪類稿》《論語直解》並《詩話》一
卷。**49**

汪革善詩，與謝逸、饒節等名士時相唱和，其詩骨力遒勁，
警拔絕倫。用語屏絕纖穠，灑脫奔放。如《寄謝無逸》一詩：

> 問訊江南謝康樂，溪堂春水想扶疏。高談何日看揮塵，
> 安步從來可當車。但得丹霞訪龐老，何須狗監薦相如？新年
> 更勵於陵節，妻子同鋤五畝蔬。

詩寫謝無逸閒居自得之樂與志趣之高潔，描繪生動，其人若
現。用語遒勁，意態閒雅。從今存汪革作品來看，他作詩雖受黃
庭堅的影響，但在瘦硬方面有所遜減。

49 張泰來：《江西詩社宗派圖錄》，《續修四庫全書》本。

贛中詩詞

贛中的主要覆蓋範圍相當於今江西吉安、新余、宜春東部一帶地域。唐五代時期，這一地區僅有南唐的劉洞、夏寶松、宋齊丘幾位詩人的活動，但到了宋代，卻發生了巨大改變，出現了歐陽修，劉敞、劉攽兄弟，孔文仲、孔武仲、孔平仲兄弟等著名詩人，突出地顯現了江西詩詞創作的家族性特徵。

第一節 ▶ 歐陽修

一、生平

歐陽修（1007-1072），字永叔，號醉翁、六一居士，廬陵永豐（今江西吉安永豐縣）人。四歲喪父，家貧，其母親以荻畫地教子。多誦古人篇章，為詩文，「下筆出人意表」。天聖八年（1030）進士，任西京留守推官。景祐元年（1034）任鎮南軍節度掌書記。范仲淹言事，得罪宰相被貶，歐陽修寫信斥責司諫高若訥不主持正義，又被降知夷陵縣。康定元年（1040）復任館閣校勘，編修崇文總目。慶曆三年（1043）任右正言、知制誥。慶

曆五年，杜衍、范仲淹、韓琦、富弼等名臣相繼被排擠出朝，歐陽修上疏為他們分辯，因被貶知滁州，後又改知揚州、潁州。皇祐元年（1049）回朝，先後任翰林學士、史館修撰等職，和宋祁等一同編修《新唐書》，又自修《五代史記》（即《新五代史》）。晚年官至樞密副使、參知政事太子少師。神宗熙寧五年（1072）卒於家，諡文忠。

　　歐陽修在政治和文學方面都主張革新，既是范仲淹慶曆新政的支持者，也是北宋詩文革新運動的領導者。又喜獎掖後進，蘇軾父子及曾鞏、王安石皆出其門下。創作實績亦燦然可觀，詩、詞、散文均為一時之冠。散文說理暢達，抒情委婉，為「唐宋八大家」之一；詩風與散文近似，重氣勢而能流暢自然；其詞深婉清麗，承襲南唐餘風。又喜收集金石文字，編為《集古錄》。有《歐陽文忠公文集》。

　　歐陽修生平，《宋史・歐陽修傳》有詳細記載：

　　　　歐陽修，字永叔，廬陵（今江西省吉安市）人。四歲而孤，母鄭……親誨之學，家貧，至以荻畫地學書……

　　　　宋興且百年，而文章體裁，猶仍五季餘習，鎪刻駢偶，淟涊弗振。士因陋守舊，論卑氣弱。蘇舜元、舜欽、柳開，穆修輩，咸有意作而張之，而力不足。修游隨，得唐韓愈遺稿於廢書簏中，讀而心慕焉。苦志探賾，至忘寢食，必欲並轡絕馳而追與之並。

　　　　舉進士，試南宮第一，擢甲科，調西京推官。始從尹洙游，為古文，議論當世事，迭相師友；與梅堯臣游，為歌詩

相唱和。遂以文章名冠天下……

范仲淹以言事貶，在廷多論救，司諫高若訥獨以為當黜。修貽書責之，謂其不復知人間有羞恥事。若訥上其書，坐貶夷陵令……慶曆三年，知諫院……

修論事切直，人視之如仇，帝獨獎其敢言，面賜五品服。顧侍臣曰：「如歐陽修者，何處得來？」同修起居注，遂知制誥……

奉使河東……凡河東賦斂過重、民所不堪者，奏罷十數事……以為龍圖閣直學士、河北都轉運使。陛辭，帝曰：「勿為久留計，有所欲言，言之。」對曰：「臣在諫職得論事，今越職而言，罪也。」帝曰：「第言之，毋以中外為間。」……

方是時，杜衍等相繼以黨議罷去，修慨然上疏……於是邪黨益忌修，因其孤甥張氏獄傅致以罪，左遷知制誥。知滁州。居二年，徙揚州、潁州……遷翰林學士，俾修《唐書》。奉使契丹，其主命貴臣四人押宴，曰：「此非常制，以卿名重故爾。」……

知嘉祐二年貢舉，時士子尚為險怪奇澀之文，號「太學體」。修痛排抑之，凡如是者輒黜，畢事。向之囂薄者伺修出，聚噪於馬首，街邏不能制。然場屋之習，從是遂變。

加龍圖閣學士，知開封府，承包拯威嚴之後，簡易循理，不求赫赫名，京師亦治……《唐書》成，拜禮部侍郎兼翰林侍讀學士。修在翰林八年，知無不言……

五年拜樞密副使。六年，參知政事……

修婦弟薛宗孺有憾於修，造帷薄不根之謗摧辱之，展轉達於中丞彭思永，思永以告（蔣）之奇，之奇即上章劾修……罷為觀文殿學士、刑部尚書，知亳州……

修以風節自持，既數被污衊，年六十，即連乞謝事，帝輒優詔弗許。及守青州，又以請止散青苗錢，為安石所詆，故求歸愈切。熙寧四年，以太子少師致仕。五年，卒，贈太子少師，諡曰文忠。

修始在滁州，號醉翁，晚更號六一居士。天資剛勁，見義勇為，雖機穽在前，觸發之不顧，放逐流離，至於再三，志氣自若也。方貶夷陵時，無以自遣，因取舊案反覆觀之，見其枉直乖錯不可勝數，於是仰天嘆曰：「以荒遠小邑，且如此，天下固可知。」自爾，遇事不敢忽也。學者求見，所與言，未嘗及文章，惟談吏事，謂文章止於潤身，政事可以及物。凡歷數郡，不見治跡，不求聲譽，寬簡而不擾，故所至民便之……

為文天才自然，豐約中度。其言簡而明，信而通，引物連類，折之於至理，以服人心。超然獨騖，眾莫能及，故天下翕然師尊之。獎引後進，如恐不及，賞識之下，率為聞人。曾鞏，王安石、蘇洵，洵子軾、轍，布衣屏處，未為人知，修即游其聲譽，謂必顯於世……好古嗜學，凡周，漢以降金石遺文，斷編殘簡，一切掇拾，研稽異同，立說於左，的的可表證，謂之《集古錄》。奉詔修《唐書》紀、志、表，自撰《五代史記》，法嚴詞約，多取《春秋》遺旨。蘇軾論其文曰：「論大道似韓愈，論事似陸贄，記事似司馬

遷，詩賦似李白。」識者以為知言。

……

　　論曰：唐之文，涉五季而弊，至宋歐陽修又振起之，挽百川之頹波，息千古之邪說，使斯文之正氣，可以羽翼大道，扶持人心，此兩人（另一指韓愈）之力也。[1]

二、詩歌創作

　　歐陽修在文學史上有著重要地位，他對宋詩風格的形成起了奠基性的作用。

　　這首先體現在他對西崑派等不良詩風的批判與廓清上。

　　北宋中期，歐陽修倡導政治的革新，他並進一步將這種革新意識貫徹到散文與詩歌的創作領域。他重視韓愈詩歌「資談笑，助諧謔，敘人情，狀物態，一寓於詩而曲盡其妙」（《六一詩話》）的特點，並提出了「詩窮而後工」的詩歌理論，要求詩歌反映現實社會生活。他的不少詩歌創作都是涉及具體的社會問題、有感而發的，還有不少詩表現個人的生活經歷或抒發個人情懷，這些詩多含有很深的人生感慨，所以與西崑體同類詩歌有著本質的區別。歐陽修的詩歌創作正是以扭轉西崑體脫離現實的不良傾向為指導思想的，這也體現了宋代詩人對矯正晚唐五代詩風的最初自覺。對此，詩論家們有不少評說：

1　　脫脫等：《宋史》，卷三一九。

歐陽文忠公詩始矯昆體。[2]

宋太宗、真宗時，學詩者病晚唐萎苶之失，有意於玉台文館之盛，飾組彰施，極其麗密，而情流思蕩，奪於援據，學者病之。至仁宗朝，一二巨公浸易其體，高深者極凌屬，摩雲決川，一息千里，物不能以逃遁，考諸《國風》之旨，則蔑有餘味矣。歐陽子出，悉除其偏而振摯之，豪宕悅愉悲慨之語，各得其職。[3]

其次，歐陽修詩歌對宋詩風格的形成起到了奠基性的作用。歐陽修詩歌受韓愈影響較大，主要體現在以散文手法作詩和以議論入詩。歐陽修詩的散文化，首先表現在以古文章法寫詩，講求頓挫起伏，虛實相間。其次是句子結構上的散文化，長短句雜出，駢散夾雜。再就是在詩中直接運用散文常用的語氣助詞、介詞和結構助詞等。歐陽修詩歌的散文化，在一定程度上，以其新鮮的樣式打破了詩歌的常規體制，影響著宋詩的走向。儘管如此，因為歐陽修詩務趨平易，其議論往往能與敘事、抒情融為一體，所以得韓詩暢盡之致而避免了其枯燥艱澀之失，具有自家面目。朱熹《朱子語類》云：

2　葉夢得：《石林詩話》，《歷代詩話》本，第 407 頁。
3　張栩：《書鮑仲華詩後》，見《清容居士集》卷四九，文淵閣《四庫全書》本。

歐公文字鋒刃利，文字好，議論亦好，嘗有詩云：「玉顏自古為身累，肉食何人為國謀？」以詩言之，是第一等好詩；以議論言之，是第一等議論。[4]

　　歐陽修詩歌的現實主義相當強，內容特別廣泛，最有意義的有以下幾類：

　　反映民眾生活，直至國家大事。寫民生疾苦，關心民瘼，這是一般積極用世的詩人詩作常見的主題，歐陽修這類詩的長處及其拓展即在於常常與評論國事、國策聯繫起來。如：

　　　吾聞陰陽在天地，升降上下無時窮。環回不得不差失，所以歲時無常豐。古之為政知若此，均節收斂勤人功。三年必有一年食，九歲常備三歲凶。縱令水旱或時遇，以多補少能相通。今者吏愚不善政，民亦游惰離於農。軍國賦斂急星火，兼並奉養過王公。終年之耕幸一熟，聚而耗者多於蜂。是以比歲屢登稔，然而民室常虛空。遂令一時暫不雨，輒以困急號天翁。賴天閔民不責吏，甘澤流布何其濃。農當勉力吏當愧，敢不酌酒澆神龍！（《答楊辟喜雨長句》）

　　　田家種糯官釀酒，榷利秋毫升與斗。酒沽得錢糟棄物，大屋經年堆欲朽。酒醅瀺灂如沸湯，東風吹來酒甕香，累累罌與瓶，惟恐不得嘗。官沽味釀村酒薄，日飲官酒誠可樂。

不見田中種糯人，釜無糜粥度冬春。還來就官買糟食，官吏散糟以為德。嗟彼官吏者，其職稱長民。衣食不蠶耕，所學義與仁。仁當養人義適宜，言可聞達力可施。上不能寬國之利，下不能飽民之飢。我飲酒，爾食糟，爾雖不我責，我責何由逃！（《食糟民》）

家世為邊戶，年年常備胡。兒僮習鞍馬，婦女能彎弧。胡塵朝夕起，虜騎蔑如無。邂逅輒相射，殺傷兩常俱。自從澶州盟，南北結歡娛。雖云免戰鬥，兩地供賦租。將吏戒生事，廟堂為遠圖。身居界河上，不敢界河漁。（《邊戶》）

《答楊辟喜雨長句》詩寫「軍國賦斂急星火」而「民室常虛空」的社會現實；《食糟民》揭露官吏「日飲官酒誠可樂」而百姓「釜無糜粥度冬春」的不合理現象；《邊戶》寫北方契丹族建立的遼朝時常侵擾，兩朝邊境地區人民的不幸遭遇。

表現詩人的各種遭遇，抒發自己坦蕩的襟懷和曠達的精神。歐陽修生活際遇曲折多變，但他一直不以一己為懷，能以曠達、坦蕩的態度對待，這在其詩作中也多有反映。如《戲答元珍》：

春風疑不到天涯，二月山城未見花。殘雪壓枝猶有橘，凍雷驚筍欲抽芽。夜聞歸雁生鄉思，病入新年感物華。曾是洛陽花下客，野芳雖晚不須嗟。

詩寫歐陽修被貶夷陵時的感受。詩中以邊遠山城的荒涼春景襯托詩人的落寞情懷，篇末又作曠達之言，表情委婉含蓄，真切

感人。又：

> 楚人自古登臨恨，暫到愁腸已九回。萬樹蒼煙三峽暗，
> 滿川明月一猿哀。非鄉況復驚殘歲，慰客偏宜把酒杯。行見
> 江山且吟詠，不因遷謫豈能來。（《黃溪夜泊》）

> 西陵江口折寒梅，爭勸行人把一杯。須信春風無遠近，
> 維舟處處有花開。（《戲贈丁判官》）

這種曠達的風格對蘇軾有明顯的影響，蘇軾的《六月二十日
夜渡海》《初到黃州》等詩就是對這種情調的進一步發展。

反映當時經濟生活、民風民俗以及詠物。歐陽修還有一些反
映當時經濟生活、民風民俗以及詠物之作，這些詩進一步豐富了
詩歌的表現內容。其《六一詩話》中曾讚王建《宮詞》內容豐
富：

> 王建宮詞一百首，多言唐宮禁中事，皆史傳小說所不載
> 者，往往見於其詩……唐世一藝之善，如公孫大娘舞劍器，
> 曹剛彈琵琶，米嘉榮歌，皆見於唐賢詩句，遂知名於後
> 世。[5]

他本人的詩作也十分豐富多彩，如：

5　歐陽修：《六一詩話》，《歷代詩話》本，第 268 頁。

三峽倚岩嶢，同遷地最遙。物華雖可愛，鄉思獨無聊。江水流青嶂，猿聲在碧霄。野篁抽夏筍，叢橘長春條。未臘梅先發，經霜葉不凋。江雲愁蔽日，山霧晦連朝。斫谷爭收漆，梯林斗摘椒。巴賨船賈集，蠻市酒旗招。時節同荊俗，民風載楚謠。俚歌成調笑，擦鬼聚喧囂。得罪宜投裔，包羞分折腰。光陰催晏歲，牢落慘驚飆。白髮新年出，朱顏異域銷。縣樓朝見虎，官舍夜聞鴞。寄信無秋雁，思歸望斗杓。須知千里夢，長繞洛川橋。（《初至夷陵答蘇子美見寄》）

累累盤中蛤，來自海之涯。坐客初未識，食之先嘆嗟。五代昔乖隔，九州島如剖瓜。東南限淮海，邈不通夷華。於時北州人，食食陋莫加。雞豚為異味，貴賤無等差。自從聖人出，天下為一家。南產錯交廣，西珍富邛巴。水載每連舳，陸輸動盈車。溪潛細毛髮，海怪雄鬣牙。豈惟貴公侯，閭巷飽魚蝦。此蛤今始至，其來何晚邪。螯蛾聞二名，久見南人誇。璀璨殼如玉，斑斕點生花。含漿不肯吐，得火遽已呀。共食惟恐後，爭先屢成嘩。但喜美無厭，豈思來甚遐。多慚海上翁，辛苦斫泥沙。（《初食車螯》）

昆夷道遠不復通，世傳切玉誰能窮。寶刀近出日本國，越賈得之滄海東。魚皮裝貼香木鞘，黃白閒雜鍮與銅。百金傳入好事手，佩服可以禳妖凶。傳聞其國居大島，土壤沃饒風俗好。其先徐福詐秦民，采藥淹留卉童老。百工五種與之居，至今器玩皆精巧。前朝貢獻屢往來，士人往往工詞藻。徐福行時書未焚，逸書百篇今尚存。令嚴不許傳中國，舉世無人識古文。先王大典藏夷貊，蒼波浩蕩無通津。令人感激

坐流涕，鏽澀短刀何足云。(《日本刀歌》)

《初至夷陵答蘇子美見寄》寫夷陵之風俗，《初食車螯》寫
海味，《日本刀歌》寫文物，等等，奇珍異俗，令人眼界大開。

歐陽修的詩學淵源比較多樣，既有像蘇軾所評「似李白」的
一面，也有學韓愈的一面，也有學唐人平淡處的一面。前人於此
多有評論：

歐公亦不甚喜杜詩，謂韓吏部絕倫。吏部於唐世文章，
未嘗屈下，獨稱道李、杜不已。歐貴韓而不悅子美，所不可
曉，然於李白而甚賞愛，將由李白超趠飛揚為感動也。[6]

歐陽公詩學退之，又學李太白。[7]

歐陽公喜太白詩，乃稱其「清風明月不用一錢買，玉山
自倒非人推」之句。此等句雖奇逸，然在太白詩中，特其淺
淺者。[8]

歐陽公學韓退之古詩。[9]

東坡謂歐陽公「論大道似韓愈，詩賦似李白」。然試以
歐詩觀之，雖曰似李，其刻意形容處，實於韓為逼近耳。[10]

---

6 劉攽：《中山詩話》，《歷代詩話》本。
7 張戒：《歲寒堂詩話》卷上。
8 張戒：《歲寒堂詩話》卷上。
9 嚴羽：《滄浪詩話》，《歷代詩話》本，第 688 頁。
10 劉熙載：《藝概》，上海古籍出版社，1978 年版，第 66 頁。

歐陽永叔出於昌黎。梅聖俞出於東野。歐之推梅，不遺餘力，與昌黎推東野略同。[11]

因此，歐陽修詩歌的風格比較多樣，首先是「似韓愈處」，主要體現在詩歌的議論化與散文化的傾向上，這對形成宋詩的一代之風有很深遠的影響，對此需作具體切實的評價。歐陽修有些詩的議論能和較強的形象相結合，有些詩能和較強的抒情相結合，因而是成功的議論，如：

百囀千聲隨意移，山花紅紫樹高低。始知鎖向金籠聽，不及林間自在啼。(《畫眉鳥》)

歐陽修曾經在另外一篇文章《書三絕句後》中提及這首詩的創作旨趣：

前一篇，梅聖俞詠泥滑滑。次一篇，蘇子美詠黃鶯。後一篇，余詠畫眉鳥。三人者之作也，出於偶然，初未始相知。及其至也，意輒同歸。豈非其精神會通遂暗合耶？

又《重讀徂徠集》：

---

11 劉熙載：《藝概》，第66頁。

我欲哭石子，夜開徂徠編。開編未及讀，涕泗已漣漣。勉盡三四章，收淚輒忻歡。切切善惡戒，丁寧仁義言。如聞子談論，疑子立我前。乃知長在世，誰謂已沉泉。昔也人事乖，相從常苦艱。今而每思子，開卷子在顏。我欲貴子文，刻以金玉聯。金可爍而銷，玉可碎非堅。不若書以紙，六經皆紙傳。但當書百本，傳百以為千。或落於四夷，或藏在深山。待彼謗焰熄，放此光芒懸。人生一世中，長短無百年。無窮在其後，萬世在其先。得長多幾何，得短未足憐。惟彼不可朽，名聲文行然。讒誣不須辨，亦止百年間。百年後來者，憎愛不相緣。公議然後出，自然見媸妍。孔孟困一生，毀逐遭百端。後世苟不公，至今無聖賢。所以忠義士，恃此死不難。當子病方革，謗辭正騰喧。眾人皆欲殺，聖主獨保全。已埋猶不信，僅免斫其棺。此事古未有，每思輒長嘆。我欲犯眾怒，為子記此冤。下紓冥冥忿，仰叫昭昭天。書於蒼翠石，立彼崔嵬巔。詢求子世家，恨子兒女頑。經歲不見報，有辭未能詮。忽開子遺文，使我心已寬。子道自能久，吾言豈須鐫。

對於歐陽修詩的議論，葉夢得《石林詩話》云：

　　歐陽文忠公詩始矯昆體，專以氣格為主，故其言多平易疏暢，律詩意所到處，雖語有不倫，亦不復問。而學之者往往遂失於快直，傾囷倒廩，無復餘地。然公詩好處豈專在此？如《崇徽公主手痕》詩：「玉顏自古為身累，肉食何人

與國謀？」此自是兩段大議論，而抑揚曲折，發見於七字之中，婉麗雄勝，字字不失相對，雖昆體之工者，亦未易比。**12**

但歐陽修有些詩的議論也顯得特別生硬。如：

> 百姓病已久，一言難遽陳。良醫將治之，必究病所因。天下久無事，人情貴因循。優游以為高，寬縱以為仁。今日廢其小，皆謂不足論。明日壞其大，又云力難振。旁窺各陰拱，當職自逡巡。歲月浸隳頹，紀綱遂紛紜。（《奉答子華學士安撫江南見寄之作》）

至於歐詩的散文化傾向，可參見前引之《食糟民》。歐陽修學韓愈還體現在超拔於俗、求新求變上，這也是宋詩發展的一個傾向。梅堯臣《重賦白兔序》記曰：

> 永叔云：「諸君所作皆以嫦娥、月宮為說，頗願吾兄以他意別作一篇，庶幾高出群類，然非老筆不可。」**13**

歐陽修這類詩句如：

12　葉夢得：《石林詩話》，《歷代詩話》本，第 407 頁。

13　梅堯臣：《重賦白兔序》，《宛陵集》卷五十，文淵閣《四庫全書》本。

春陽著物太軟媚，獨有秋節最勁豪。(《送子野》)

　　乃知天巧奪人力，能使枯木生紅顏。(《感春雜言》)

　　萬古一飛隼，兩曜雙跳丸。(《夜聞風聲有感奉呈原父舍人聖俞直講》)

　　其次，是「似李白處」，這主要指歐陽修的一些詩寫得自由奔放，才氣橫溢，氣魄瑰偉，如《太白戲聖俞》：

　　開元無事二十年，五兵不用太白閒。太白之精下人間，李白高歌《蜀道難》。蜀道之難難於上青天，太白落筆生雲煙。千奇萬險不可攀，卻視蜀道如平川。宮娃扶來白已醉，醉裡詩成醒不記。忽然乘興登名山，龍咆虎嘯松風寒。山頭婆娑弄明月，九域塵土悲人寰。吹笙飲酒紫陽家，紫陽真人駕云車。空山流水空流花，飄然已去凌青霞。下看區區郊與島，螢飛露濕吟秋草。

　　另外，歐陽修還有很多繼承唐風之作，風格平淡清新、情韻深長。

　　或疑六一居士詩，以為未盡妙，以質於子和。子和曰：「六一詩只欲平易耳。」[14]

14　佚名：《雪浪齋日記》，見厲鶚《宋詩紀事》上海古籍出版社，1983

　　　　歐陽文忠公詩始矯昆體，專以氣格為主，故其詩多平易疏暢。律詩意所到處，雖語有不倫，亦不復問。[15]

其作品如：

　　　　花光濃爛柳輕明，酌酒花前送我行。我亦且如常日醉，莫教弦管作離聲。（《別滁》）

　　　　西湖春色歸，春水綠於染。群芳爛不收，東風落如糝。參軍春思亂如雲，白髮題詩愁送春。遙知湖上一樽酒，能憶天涯萬里人。萬里思春尚有情，忽逢春至客心驚。雪消門外千山綠，花發江邊二月晴。少年把酒逢春色，今日逢春頭已白。異鄉物態與人殊，惟有東風舊相識。（《春日西湖寄謝法曹歌》）

　　另外，轉益多師，自成一家也是歐詩重要的特色。歐陽修在詩歌創作中轉益多師，博採眾長，他不僅全面師法韓愈、李白及唐代詩歌技巧，並且合理借鑑時輩詩人優點，大量吸收散文、辭賦等文體質素，形成了氣格高致而平易疏暢的詩歌風格，在宋代詩壇自成一家。後人評曰：

年版，第 299 頁。

15　葉夢得：《石林詩話》，《歷代詩話》本，第 407 頁。

歐公作詩，蓋欲自出胸臆，不肯蹈襲前人。亦其才高，故不見牽強之跡耳。[16]

讀歐公詩，當以三法觀。五言律初學晚唐，與梅聖俞相出入，其後乃自為散誕。七言律力變「昆體」，不肯一毫涉組織，自成一家，高於劉白多矣。如五、七言古體則多近昌黎、太白，或有全類昌黎者，其人亦宋之昌黎也。[17]

以其才大而功深，無所不學，無所不似。大抵以中晚唐之清煉，祛盛唐之浮廓；而以盛唐中唐之豪蕩，舒晚唐之危仄。[18]

三、詞的創作

關於歐陽修詞，歷來論詞者多以「晏歐」並稱。二者確有不少相似之處，如在形式上仍多用傳統的小令，在內容風格上多以婉約之筆寫男女之情。但與晏殊詞相比，歐陽修詞中新變的成分要多些，這主要體現以下幾方面：

首先是在某些方面擴大了詞的題材內容，擴大了詞的抒情功能。如歌詠自然風光、懷古等，更多地用詞抒發詞人自我的人生感受，抒發自己仕宦遭遇、人生感慨、豪邁性格等。

歐陽修歌詠自然風光的詞當以其十首《采桑子》為代表。歐

16 胡仔纂集，廖德明校點：《苕溪漁隱叢話》（後集），第168頁。

17 方回選評，李慶甲集評校點：《瀛奎律髓》，上海古籍出版社，1986年版，第198頁。

18 錢基博：《中國文學史》，中華書局，1993年版，第520頁。

陽修於政事之暇，時時游賞，晚年退隱之後，更是流連忘返，因此寫下了十首《采桑子》，以記其遊賞之勝景，閒雅之情趣。我們選錄幾首：

> 輕舟短棹西湖好，綠水逶迤。芳草長堤，隱隱笙歌處處隨。
> 無風水面琉璃滑，不覺船移。微動漣漪，驚起沙禽掠岸飛。
> 群芳過後西湖好，狼藉殘紅。飛絮濛濛，垂柳欄干盡日風。
> 笙歌散盡游人去，始覺春空。垂下簾櫳，雙燕歸來細雨中。
> 何人解賞西湖好？佳景無時。飛蓋相追，貪向花間醉玉卮。
> 誰知閒憑欄干處，芳草斜暉。水遠煙微，一點滄洲白鷺飛。
> 天容水色西湖好，云物俱鮮。鷗鷺閒眠，應慣尋常聽管弦。
> 風清月白偏宜夜，一片瓊田。誰羨驂鸞？人在舟中便是仙。
> 殘霞夕照西湖好，花塢蘋汀。十頃波平，野岸無人舟自橫。
> 西南月上浮雲散，軒檻涼生。蓮芰香清，水面風來酒面醒。

歐陽修這組《采桑子》詞，首句末尾均以「西湖好」三字作為定格，前面則以四字的變換來表示不同的時段，極力展示潁州西湖四時不同的美景，也表現了詞人在不同情境下游覽西湖的個人體驗與情趣。

懷古詞如：

> 往事憶開元，妃子偏憐。一從魂散馬嵬關，只有紅塵無驛使，滿眼驪山。（《浪淘沙》）

抒懷詞如：

> 平堂欄檻倚晴空，山色有無中。手種堂前垂柳，別來幾
> 度春風。文章太守，揮毫萬字，一飲千鐘。行樂直須年少，
> 尊前看取衰翁。（《朝中措》）

詞作展現出詞人瀟灑曠達的風神個性。這類詞在歐陽修的創
作中有著獨特的意義。歐陽修一生宦海浮沉，曾三遭貶謫，仕途
不像太平宰相晏殊那麼順利，因此他對人生命運的變幻和官場的
艱險有著很深的體驗，如：

> 世路風波險，十年一別須臾。人生聚散長如此，相見且
> 歡娛。好酒能消光景，春風不染髭鬚。為公一醉花前倒，紅
> 袖莫來扶。（《聖無憂》）

對人生聚散的感慨，頹然醉倒的形態，都顯示著詞人內心的
牢騷和不平，可以想見一個正直的官員對險惡世情的痛切之感。
歐陽修這種用詞來表現自我情懷的創作方式對後來的蘇軾有著直
接的影響，並且展示出詞體創作的一種新方向，即詞除了寫傳統
的相思別愁外，還能用來抒發作者自我的人生體驗和感受。

其次是風格上的創新。歐陽修的修養、學識、情趣都在他的
詞體創作中打上烙印，因而其詞風除婉麗外還有深致、平淡、豪
放、沉鬱等不同的特色。

深致者正如劉熙載、馮煦、陳廷焯所評：

馮延巳詞，晏同叔得其俊，歐陽永叔得其深。[19]

宋至文忠，文始復古，天下翕然師尊之，風尚為之一變。即以詞言，亦疏雋開子瞻，深婉開少游。本傳云：「超然獨鶩，眾莫能及。」獨其文乎哉！[20]

文忠思路甚雋，而元獻較婉雅。[21]

詞作如：

庭院深深深幾許？楊柳堆煙，簾幕無重數。玉勒雕鞍游冶處，樓高不見章台路。雨橫風狂三月暮，門掩黃昏，無計留春住。淚眼問花花不語，亂紅飛過秋千去。（《蝶戀花》）

詞作以深深的庭院和重重簾幕形象地顯現寂寞的環境，末尾兩句，更以人物和亂紅發生感情交流，層層寫出主人公淒苦纏綿的複雜內心。這首詞不僅文筆清雅，而且注重於人物內心世界的展現，具有很高的藝術造詣。評者甚多：

歐陽公作《蝶戀花》有「深深深幾許」之語，予酷愛

19　劉熙載：《藝概》第 107 頁。

20　馮煦：《蒿庵論詞》，《詞話叢編》本，中華書局，1986 年版，第 3585 頁。

21　陳廷焯：《白雨齋詞話》，《詞話叢編》，第 3781 頁。

之，用其語作「庭院深深」數闋。[22]

　　因花而有淚，此一層意也，因淚而問花，此一層意也，花竟不語，此一層意也，不但不語，且又亂落，此一層意也。[23]

　　「庭院深深」，閨中既以邃遠也。「樓高不見」，哲王又不寤也。章台游冶，小人之徑，「雨橫風狂」，政令暴急也。亂紅飛去，斥逐者非一人而已，殆為韓、范作乎？[24]

　　上列評語中，前二者較為中肯，張惠言的評說則有些偏離詞評的軌道了。張評處處將《蝶戀花》詞與屈原的《離騷》比附，如：「庭院深深」，比作《離騷》中的「閨中既以邃遠兮」，「樓高不見」，則是《離騷》中的「哲王又不寤」，而亂紅飛去，又是韓琦、范仲淹被排斥。這樣的評說，深邃倒是深邃，卻將作者原意給曲解了。

　　歐陽修詞作的平淡體現在吸取民歌特色，並多白描手法，如：

　　　　花似伊，柳似伊，花柳青春人別離，低頭雙淚垂。長江

22　李清照：《臨江仙·序》，《李清照集》，中華書局，1962 年版，第 18 頁。

23　毛先舒：《古今詞論》，《詞話叢編》第 608 頁。

24　張惠言輯：《詞選（附續詞選）》，中華書局，1957 年版，第 33 頁張惠言評語。

東，長江西，兩岸鴛鴦兩處飛，相逢知幾時？（《長相思》）

顧妾身為紅菡萏，年年生在秋江上。重願郎為花底浪。無隔障。隨風逐雨長來往。（《漁家傲》）

去年元夜時，花市燈如畫。月上柳梢頭，人約黃昏後。今年元夜時，月與燈依舊。不見去年人，淚滿春衫袖。（《生查子》）

其豪放風格的詞如：

十二月嚴凝天地閉，莫嫌臺榭無花卉。惟有酒能欺雪意。增豪氣，直教耳熱笙歌沸。隴上雕鞍惟數騎，獵圍半合新霜裡。霜重鼓聲寒不起。千人指，馬前一雁寒空墜。（《漁家傲》）

其沉鬱風格的詞如：

尊前擬把歸期說，未語春容先慘咽。人生自是有情痴，此恨不關風與月。離歌且莫翻新闋，一曲能教腸寸結。直須看盡洛陽花，始共春風容易別。（《玉樓春》）

相關評論如：

永叔「人間自是有情痴，此恨不關風與月。」「直須看盡洛陽花，始與東風容易別。」於豪放之中，有沉著之致，

所以尤高。[25]

永叔詞只如無意，而沉著在和平中見。[26]

此外詞至歐陽修開始改變了審美趣味，詞體創作出現通俗化的傾向。這與柳永詞相互呼應。歐陽修詞朝通俗化方向開拓的一個表現是描寫富有生活氣息的場面，追求語言的通俗，體現出一種市民的審美情趣。

歐陽修在政治生活中的面貌是剛勁正直，見義勇為，他的詩文和部分「雅詞」表現出了這個側面。但他的日常私生活，尤其是年輕時的生活，則頗為風流放任，因而也寫了一些帶「世俗之氣」的豔詞，其中有庸俗的，也有比較健康的。如：

鳳髻金泥帶，龍紋玉掌梳。走來窗下笑相扶。愛道畫眉深淺、入時無。弄筆偎人久，描花試手初。等閒妨了繡功夫。笑問雙鴛鴦字、怎生書。(《南歌子》)

夜來枕上爭閒事，推倒屏山褰繡被。盡人求守不應人，走向碧紗窗下睡。直到起來由自磳，向道夜來真個醉。大家惡發大家休，畢竟到頭誰不是。(《玉樓春》)

25 況周頤、王國維：《人間詞話》，人民文學出版社《蕙風詞話·人間詞話》本，第 203、204 頁。

26 周濟：《介存齋論詞雜著》，《詞話叢編》本，第 1631 頁。

　　《南歌子》詞生動而傳神地描繪出了一位多情撒嬌的少婦形象，表現了青年男女間的親暱情感；《玉樓春》則描寫一對夫婦吵架後和解的故事，語言通俗，富有生活氣息。此類詞作，體現出一種與五代詞追求語言富麗華美的貴族化傾向相異的審美趣味，似乎與歐陽修一代文宗的形象不符。因此有人將這些豔冶詞作和其本傳中所說的不修帷薄之事聯繫起來：

　　　　歐後為人言其盜甥，《表》云：喪厥夫而無托，攜孤女以來歸。張氏此時年方七歲。內翰伯見而笑曰，年七歲，正是學簸錢時也。歐詞云：「江南柳，葉小未成陰。人為絲輕那忍折，鶯憐枝嫩不勝吟。留取待春深。十四五，閒抱琵琶尋。堂上簸錢堂下走，恁時相見已留心，何況到如今。」[27]

當然，也有不少人極力維護：

　　　　歐公一代儒宗，風流自命，詞章窈眇，世所矜式。乃小人或作豔曲，謬為公詞。[28]
　　　　陳氏歐公小詞，間見諸詞集，《書錄》云一卷，其間多有與《陽春》《花間》相雜者，亦有鄙褻之語一二廁其中，

27　錢世昭：《錢氏私志》，文淵閣《四庫全書》本。
28　曾慥：《樂府雅詞序》，永瑢等《四庫全書總目》卷一九八《〈六一詞〉提要》引，中華書局，1965年版。

當是仇人無名子所為。[29]

　　歐詞之淺近者，謂是劉輝偽作。[30]

　　歐陽永叔所集歌詞，自作者三之一耳。其間他人數章，
群小因指為永叔，起曖昧之謗。[31]

　　事實上，即便為一代文宗，其私生活本來就應該有浪漫情愛
的一面，再加上時代風氣的影響以及詞體香豔的傳統，歐陽修寫
一些豔詞也應該是正常的。

　　歐陽修詞朝通俗化方向開拓的另一表現是，他借鑑和吸取了
民歌的「定格聯章」等表現手法，創作了兩套分詠十二月節氣的
《漁家傲》「鼓子詞」，這對後來蘇軾用聯章組詞的方式來抒情紀
事頗有影響；而另外兩首《漁家傲》（「花底忽聞敲兩槳」和「荷
葉田田清照水」）詞，分別寫採蓮女的浪漫歡樂和愛情苦惱，格
調清新，也具有民歌風味。

　　在宋代詞史上，歐陽修是主動向民歌學習的第一人，由此也
造就了其詞清新明暢的藝術風格，歌詠潁州西湖的十首《采桑
子》就集中體現出這種風格特徵。

29　吳師道：《吳禮部詩話》，《歷代詩話續編》本，第 620 頁。

30　蔡絛：《西清詩話》，《四庫全書總目》卷一九八《〈六一詞〉提要》
　　引。

31　王灼：《碧雞漫志》，《羯鼓錄・樂府雜錄・碧雞漫志》，第 62 頁。

第二節 ▶ 新余二劉

一、劉敞

劉敞（1019-1068），字原父（甫），新喻（今江西新余）人。仁宗慶曆六年（1046）進士，以大理評事通判蔡州。皇祐三年（1051），遷太子中允、直集賢院。至和元年（1054），遷右正言、知制誥。至和二年，奉使契丹。三年，出知揚州。歲餘，遷起居舍人徙知鄆州、兼京東西路安撫使。不久召還糾察在京刑獄。嘉祐四年（1059），知貢舉。五年，以翰林侍讀學士充永興軍路安撫使、兼知永興軍府事。英宗治平三年（1066），改集賢院學士、判南京留守司御史台。神宗熙寧元年卒於官。有《公是集》七十五卷，已佚。清四庫館臣從《永樂大典》輯成五十四卷，其中詩二十七卷。

劉敞詩中五言、七言都不乏佳作。其中有寫景如畫之詩，如《微雨登城二首》（其一）：

> 雨映寒空半有無，重樓閒上倚城隅。淺深山色高低樹，一片江南水墨圖。

詩作寫作者登樓野望所見所感，其獨特處在於由實而虛，虛實相生。實時以淺深寫色，高低寫形，恰如水墨畫畫法；虛時以畫喻景，不僅精致貼切，還飽含著極度愉悅之情。這樣虛虛實實，不僅顯示出景物的綽約多姿，更引發讀者無邊的遐想。

劉敞亦作有諧趣詩，如《城南雜題》（其三）：

　　盤姍不稱三公位，掩抑空妨數畝庭。只有老僧偏愛惜，倩人圖畫作書屏。

這首詩題寫水陸院中短槐。詩中刻畫了「短槐」與「老僧」的形象，這既是實寫，又是象徵，二者概括了現實生活中一部分人的特徵。這類詩，又似說理，極易寫成莊重有餘、情味不足的說教，但劉敞能以輕鬆的筆調寫出，寓莊於諧，饒有風趣。

劉敞的一些贈答詩、挽詩又情深意長。如《共城寄仲弟》：

　　共城稻秧如黍禾，共城木少種竹多。熟聞邇來風土美，貧無置錐知奈何。百門蒼翠太行麓，百泉清泠淇水澳。長安宦游跬步到，隱居雞黍終年足。人生早念少游言，燕頷莫矜飛食肉。即今囊空未果歸，且為黎侯歌式微。寄聲好在久良苦，異時自楫來迎汝。

詩作敘說自己身處環境及複雜心情，娓娓家常，如傾如訴，兄弟情誼，非同一般。再如《聖俞挽詞》：

　　孤宦眾人後，空名三十年。交游一時絕，詩筆四方傳。

詩作概括梅堯臣的一生際遇、性情及高絕的才華，僅以四句寫來，簡潔凝練，辭情相稱。

劉敞還創作有一些詞，多寫士大夫文人的閒情逸致，之中常常寓含詞人的人生的感悟，如盛世難再、宦途沉浮的惆悵與痛苦。如《清平樂》：

> 小山叢桂，最有留人意。拂葉攀花無限思，雨濕濃香滿袖。別來過了秋光，翠簾昨夜新霜。多少月宮閒地，姮娥與借微芳。

詞寫桂花的清新優美，姿色不妖嬈卻情意款深、香氣醇芳，月色下盡顯幽獨芳潔情致，寄寓了詞人的審美理想。

又《踏莎行》：

> 蠟炬高高，龍煙細細，玉樓十二門初閉。疏簾不卷水晶寒，小屏半掩琉璃翠。桃葉新聲，榴花美味，南山賓客東山妓。利名不肯放人閒，忙中偷取工夫醉。

據《能改齋漫錄》卷十七記載，宋祁赴壽春（今安徽壽縣）為官的途中，經過揚州，時任知州的劉敞設宴款待，並寫出此詞以侑酒添興。宋祁亦即席賦《浪淘沙近》一首，以謝別劉敞。詞作前面大抵寫士大夫文人飲酒作樂的情景，末二句卻寓含深意：人們往往為功名仕途而奔波，以致似箭的光陰白白地流逝，只有稍稍停頓下來，才覺得眼前之花好月圓、美酒友情的令人留戀，可這僅是人生的一個驛站，此後又得行色匆匆，繼續奔波於仕途之中。惆悵之情，溢於言表。

二、劉攽

劉攽（1023-1089），字貢父，號公非，臨江新喻（今江西新余）人，與兄劉敞同舉仁宗慶曆六年（1046）進士，歷仕州縣二十年，始為國子監直講。神宗熙寧中（1072左右）判尚書考功、同知太常禮院。因考試開封舉人時與同院官爭執，為御史所劾，又因貽書王安石，論新法不便，被貶為泰州通判。遷出知曹州，為京東轉運使，知兗、亳二州。吳居厚代京東轉運使，奉行新法，追究劉攽在職廢弛，貶監衡州鹽倉。哲宗即位後，起居襄州，入為秘書少監，以疾求知蔡州。在蔡數月，召拜中書舍人。元祐四年卒，年六十七。劉攽精於經學、史學，劉攽、劉敞與敞之子劉世奉曾合著《漢書標注》，世稱「墨莊三劉」。《宋史》本傳稱其著書百卷，已佚。四庫館臣據《永樂大典》輯為《彭城集》四十卷，又有《文選類林》《中山詩話》等並行於世。

劉攽曾多年任地方官，對於農家的疾苦較為了解，因此創作了一些反映農民生活的詩。如：

種田江南岸，六月才樹秧。借問一何晏，再為霖雨傷。官家不愛農，農貧彌自忙。盡力泥水間，膚甲皆痏瘡。未知秋成期，尚足輸太倉。不如逐商賈，游閒事車航。朝廷雖多賢，正許貲為郎。（《江南田家》）

八月江湖秋水高，大堤夜坼聲嘈嘈。前村農家失幾戶，近郭扁舟屯百艘。蛟龍蜿蜒水禽白，渡頭老翁須雇直。城南

百姓多為魚，買魚欲烹輒淒惻。（《城南行》）

也有一些清新優美的寫景、詠物的小詩，語言工麗，善煉字句，活潑生動，意切境新。如《新晴》：

　　青苔滿地初晴後，綠樹無人畫夢余。唯有南風舊相識，
　徑開門戶又翻書。

此為夏日即景詩，表現了久雨初晴給作者帶來的歡悅之感和心境的寧靜恬適。

又《水仙花》：

　　早於桃李晚於梅，冰雪肌膚姑射來。明月寒霜中夜靜，
　素娥青女共徘徊。

這是首詠寫水仙的詩，卻通篇未及「水仙」二字。詩作構思奇特，化實為虛，以象徵、借喻手段，巧妙地表達出水仙花的高雅神態和搖曳風姿。

第三節 ▶ 臨江三孔

「臨江三孔」是北宋孔文仲、孔武仲、孔平仲三兄弟的並稱，為孔子第四十七世孫。時兄弟三人連續三科依次登第，一時傳為美談，並都擅長創作，以文章名於當世，時人號之「三

孔」。黃庭堅又將他們與蘇軾、蘇轍並稱為「二蘇聯璧，三孔分鼎」，「三孔」之聲名更為高漲。「三孔」性耿直高潔，朝野上下尤為尊敬。三人政見與王安石不合，對新法多有指責，頗似蘇軾，故與「二蘇」過從甚密；遭遇也與蘇軾相類，仕途沉浮，坎坷平生。「三孔」的文名、詩名雖然在後世有所低落，但其詩歌還是有不少有價值之處，如將詩歌題材日常生活化，以文為詩，以學識為詩，對李白、杜甫的吸收與創變，都值得我們進一步深入探討。

一、孔文仲

孔文仲（1033-1088），字經父。關於其里籍，歷史上有不同說法（見下引文，其二弟同），以「臨江新喻」（今江西新余）之說為多。文仲性剛直，寡言笑，自幼好學，工於詞賦，嘉祐六年（1061）進士。初任秘書省校書郎、杭州蘇杭尉，再命南康軍司戶，以司封使湖北，後薦舉為台州軍事推官。熙寧二年（1070），即王安石變法的第二年，朝廷實行改革，翰林學士范鎮舉薦文仲至神宗皇帝前對策。孔文仲對策九千言，力駁王安石理財、訓兵之法，被神宗罷還故官。後歷任國子監直講，授三班主簿，不久遷著作郎通判，出任保德軍通判。元祐元年（1086），時哲宗以十歲幼齡繼位，太皇太后親臨聽政，罷廢新令，孔文仲被擢為禮部員外郎，升起居舍人，拜左諫議大夫。後因直奏「青苗」「免役」諸法利弊，元祐二年（1087）改任中書舍人。元祐三年病卒於京，年五十一。

《宋史》載：

　　孔文仲，字經父，臨江新喻人。性狷直，寡言笑，少刻苦問學，號博洽。舉進士，南省考宮呂夏卿，稱其詞賦豔麗，策論深博，文勢似荀卿、楊雄，白主司，擢第一。調余杭尉。恬介自守，不事請謁。轉運使在杭，召與議事，事已，馳歸，不詣府。人問之，曰：「吾於府無事也。」再轉台州推官。

　　熙寧初，翰林學士范鎮以制舉薦，對策九千餘言，力論王安石所建理財、訓兵之法為非是，宋敏求第為異等。安石怒，啟神宗，御批罷歸故官。齊揆、孫固封還御批，韓維、陳薦、孫永皆力言文仲不當黜，五上章，不聽。范鎮又言：「文仲草茅疏遠，不識忌諱。且以直言求之，而又罪之，恐為聖明之累。」亦不聽。蘇頌嘆曰：「方朝廷求賢如飢渴，有如此人而不見錄，豈其論太高而難合邪，言太激而取怨邪？」

　　吳充為相，欲置之館閣，又有忌之者，僅得國子直講。學者方用王氏經義進取，文仲不習其書，換為三班主簿，出通判保德軍。時征西夏，眾數十萬皆道境上，久不解，邊人厭苦。文仲陳三不便，曰：「大兵未出，而丁夫預集；河東顧夫，勞民而損費；諸路出兵，首尾不相應。虞、夏、商、周之盛，未嘗無外侮，然懷柔制御之要，不在彼而在此也。」

　　元祐初，哲宗召為秘書省校書郎，進禮部員外郎。有言：「皇族唯楊、荊二王得稱皇叔，餘宜各系其祖，若唐人稱諸王孫之比。」文仲曰：「上新即位，宜廣敦睦之義，不

應疏間骨肉。」議遂寢。遷起居舍人，擢左諫議大夫。日食七月朔，上疏修五事，曰邪說亂正道，小人乘君子，遠服侮中國，斜封奪公論，人臣輕國命，宜察此以消厭兆祥。論青苗、免役，首困天下，保甲、保馬、茶鹽之法，為遺螫留蠆。改中書舍人。

三年，同知貢舉。文仲先有寒疾，及是，晝夜不廢職。同院以其形瘵，勸之先出，或居別寢。謝曰：「居官則任其責，敢以疾自便乎！」於是疾益甚，還家而卒，年五十一。士大夫哭之皆失聲。蘇軾拊其柩曰：「世方嘉軟熟而惡崢嶸，求勁直如吾經父者，今無有矣！」詔厚恤其家，命弟平仲為江東轉運判官，視其葬。

初，文仲與弟武仲、平仲皆以文聲起江西，時號「三孔」。後追貶梅州別駕。元符末，復其官。有文集五十卷。[32]

《四庫全書總目‧清江三孔集提要》云：

宋新喻孔文仲及其弟武仲、平仲之詩文。慶元中，臨江守王遒所編也。[33]

32　脫脫等：《宋史》卷三四四。
33　永瑢等：《四庫全書總目》卷一八六。

《新喻縣志》（乾隆版）《孔延之（「三孔」之父）傳》云：

> 孔延之，字長源，新喻人，孔子四十六世孫……諸子並以文章顯世，號臨江三孔。

《新喻縣志》（同治版）云：

> 孔文仲，字經文，《宋史》傳臨江新喻人。

清康熙年間所編纂的《臨江府志》云：

> 孔延之，字長源，峽江人，孔子四六世孫。

清謝旻等監修的《江西通志》云：

> 孔延之，字長源，新淦人，孔子四十六世孫，慶曆進士，九遷至司封郎。子並以文章顯世，號「臨江三孔」。
>
> 孔文仲，字經父，臨江軍新淦人也，弟武仲、平仲。

孔文仲與北宋詩文革新的代表人物歐陽修、蘇軾等人往來密切，常相唱和，受他們的影響較深，因而詩文以平易曉暢為基調，間有豪壯、精警之作。

因孔文仲仕途多沉浮，故詩歌的主體內容為抒寫罷官後的淒涼痛苦心情和清貧無聊的生活。如：

孤枕夜何永，破窗秋已寒。雨聲沖夢斷，霜氣襲衣單。利劍摧鋒鍔，蒼鷴縮羽翰。平生沖鬥氣，變作淚汍瀾。(《秋月二首》其一)

北風吹雪滿皇州，攜手同為落魄游。霄漢路岐騰萬里，江湖塵土積千憂。世情共逐飛蓬轉，人事都如激浪流。只待清談慰愁病，月明幾夜促歸舟。(《將至南都途中感舊二首寄錢穆父》其一)

詩作以淒涼的秋冬之節候和環境作渲染，寫出其清貧、孤寂的心緒以及壯志難酬的悲憤心情。

儘管屢遭貶謫，儘管政見不被採納，但孔文仲仍然在悲憤之後，以樂觀曠達示人，如《次韻錢穆父新涼可喜》：

商飆結新寒，草木起餘怨。翩翩前庭葉，追逐已千萬。斜陽背西壁，迤邐落藤蔓。安得金滿堂，聊換酒家券。追隨雙鴻鵠，擺脫舊籠圈。胡為汗流赭，日與蠅爭飲。常恐計不就，更以詩屢勸。江湖秋水高，百尺風帆健。何當開竹溪，玉腕互酬獻。左手持蟹螯，平昔固有願。

詩作前半寓情於物，表達對草木遭受打擊的同情與不滿，後半卻表示並不灰心喪志、一蹶不振，而要「追隨雙鴻鵠，擺脫舊籠圈」，似「百尺風帆」，不懈進取。

孔文仲亦有一些清寂雅麗的寫景詩，如《題顯孝南山寺》：

　　尋盡城中山，又訪江外寺。蘭舟涉澄漪，隼旌入疏翠。
樓台初日升，岩谷宿雲墜。飛泉百禽鳴，怪石萬虯躓。絕庵
皆步登，佳木留客醉。洞天生晝寒，桃源發春意。煙霞暫深
闊，宇宙忽殊異。海國遇升平，鈴齋無俗事。潁川擅才敏，
康樂足情意。只恐新詩多，鐫鑱費年祀。

　　詩作語言精純簡練，意境優美，仿佛是一幅世外桃源的美
景。
　　文仲詩還有不少寫友人間情誼的。如《四月三十日慈孝寺山
亭席上口占送子敦都運待制赴河北》：

　　送客城南寺，蕭然雲泉秋。客意在萬里，聊作須臾游。
昨夜過新雨，清風滿梁州。簪裳合俊彥，河圖並天球。古來
功名人，未就不肯休。譬如鑿空使，尚致安石榴。矧今南畝
氓，往往東西流。君能安輯之，千倉與萬箱。

　　詩人依然鍾情於秋景，以蕭穆蕭條之景寓意別情的悲傷，表
達彼此間的深情厚誼。

二、孔武仲

　　孔武仲（1041-1097），字常父（甫），文仲大弟。仁宗嘉祐
八年（1063）進士，調谷城主簿，選教授齊州，為國子監直講。
哲宗元祐初，歷集賢校理，著作郎，國子司業。嘗建議恢復詩賦
取士，攻擊王安石經義。進起居郎兼侍講邇英殿，除起居舍人，

改中書舍人，直學士院。擢給事中，遷禮部侍郎，以寶文閣待制知洪州，徙宣州。紹聖四年，坐元祐黨人，被奪職，管勾洪州，在玉隆觀、池州居住，卒，年五十七。著有《詩書論語說》等百餘卷，已佚。南宋王遻收輯孔氏兄弟詩文合刊為《清江三孔集》，武仲詩文共十七卷，其中詩七卷。

《宋史》云：

　　武仲字常父。幼力學，舉進士，中甲科。調谷城主簿，選教授齊州，為國子直講。喪二親，毀瘠特甚，右肱為不舉。元祐初，歷秘書省正字、校書，集賢校理，著作郎，國子司業。嘗論科舉之弊，詆王氏學，請復詩賦取士。又欲罷大義，而益以諸經策，御試仍用三題。進起居郎兼侍講邇英殿，除起居舍人，數月，拜中書舍人，直學士院。

　　初，罷侍從轉對，專責以論思。武仲言：「苟不持之以法，則言與不言，將各從其意。願輪二人次對。」時議祠北郊，久不決。武仲建用純陰之月親祠，如神州地祇。擢給事中，遷禮部侍郎，以寶文閣待制知洪州。請：「從臣為州者，杖以下公坐止劾官屬，俟獄成，聽大理約法，庶幾刑不逮貴近，又全朝廷體貌之意。」遂著為令。

　　徙宣州，坐元祐黨奪職，居池州。卒，年五十七。元符末，追復之。所著《詩書論語說》《金華講義》《內外制》《雜

文》共百餘卷。**34**

　　「三孔」與蘇軾往來密切，詩風頗受蘇的影響，其中孔武仲詩雄健飄逸、豪放曠達，最得蘇詩神韻。如：

　　　　滎渠斜與昆河接，河遠渠慳幾可涉。狂霖一漲高十尋，迅瀉東來比三峽。崩騰下與淮泗會，清泚亦容伊雒雜。橫空九闕真垂虹，怒捲千艘如敗葉。只堪平地看洶湧，何事乘危理舟楫。共夫鵝鸛行天上，遙與谷中相應答。但憂心手一乖迕，巨舶高檣兩摧折。而余進退久安命，揭厲以望初不懾。妻孥亦已慣江湖，笑語猶如泛山狹。鳴弓擊柝驚夜盜，掘茹撈蝦佐晨饁。時登絕徑步榆柳，或面荒陂看鳧鴨。我生東南趣向野，揮弄清溪看苕霅。枕流漱石真所便，履濁凌險終未愜。舳棱漸喜金闕近，釜甑何憂米鹽乏。渾如海客泛枯槎，繚繞明河望閶闔。（《汴河》）

　　　　行路難，歸去來。三日汝南城不開，天角隱隱聞輕雷。掣電更劃劃，猛雨還潚潚。稍添汪汪陂，漸淹高高台。我欲晨興出南郭，極目唯有白水漫蒿萊。驛道安在哉，連山洑流相喧豗。父母不復顧嬰孩，棄之如塵埃。戢戢生魚頭，人世永隔良可哀。清都咫尺可以訴，誰挽北斗魁。嗚呼行路之難，邦人之災。（《蔡州三首》之三）

　　34　脫脫等：《宋史》卷三四四。

前詩豪情噴薄，逸興遄飛，氣勢恢弘；後詩則反應民眾疾苦，寫法上敘議結合，邊敘邊議，使議論有堅實的現實基礎，有的放矢。

武仲一些寫景小詩又清新幽遠，曠達瀟灑，如：

> 高士去已久，餘蹤猶可知。竹陰侵晏坐，山影在平池。塵蝕參軍墨，苔侵相國碑。漫尋瀟灑趣，俯仰愜心期。（《草石寺》）

> 寂寞郊居遠，晨晴四馬馳。日驚東逝水，心感歲寒枝。霜色朝如洗，雲容莫不怡。梁園將密雪，不飲亦奚為。（《次韻宋履中歲晏言懷》）

武仲亦有不少敘寫友情的贈答詩，其中往往寓含其人生感悟，如：

> 人生苦南北，相見出偶爾。喧闐都市中，乃復遇之子。東萊遽別後，故人今有幾。詵詵塾與序，進學亦可喜。語闌行色動，輕裘有知己。去去何當回，山川正芳暉。邊州剩廚傳，應不典春衣。（《送晁無咎之官塞上》）

> 西垣有古人，磥磥氣貌古。落筆成文章，無可加損處。策蹇得過門，殷勤相勞苦。湛然神觀全，秀粹充眉宇。語我春已闌，斯民望時雨。宿麥正滿野，驕暘惡如虎。雲師未灑澤，赤子將誰乳。侍臣當憂國，密計應裨補。又云好著書，

安得一州去。知公趣操異，不為誇腰組。衣錦若還鄉，亦當從幕府。（《答蘇子由留贈》）

三、孔平仲

孔平仲（？-1102），字義甫，一作毅父，文仲二弟。英宗治平二年（1065）進士。神宗熙寧中為密州教授。元豐二年（1079）為都水監勾當公事。哲宗元祐元年（1068）召試學士院。二年擢秘書丞、集賢校理。三年持江南東路轉運判官。後遷提點江浙鑄錢、京西南路刑獄。紹聖中坐元祐時附會當路，削校理，知衡州。又以不推行常平法，失陷官米錢，責惠州別駕，英州安置。徽宗立，復職朝散大夫，召為戶部、金部郎中，出朝任永興路刑獄提舉。崇寧元年（1102），以元祐黨籍落職，管兗州景靈宮，卒。著有《續世說》《孔氏談苑》《珩璜新論》《釋稗》等。詩文集已散佚，南宋王遳收輯為二十一卷，其中詩九卷，刊入《清江三孔集》，民國初年胡思敬校編為《朝散集》，刊入《豫章叢書》。

《宋史》云：

平仲字義甫。登進士第，又應制科。用呂公著薦，為秘書丞、集賢校理。文仲卒，歸葬南康。詔以平仲為江東轉運判官護葬事，提點江浙鑄錢、京西刑獄。紹聖中，言者詆其元祐時附會當路，譏毀先烈，削校理，知衡州。提舉董必劾其不推行常平法，陷失官米之直六十萬，置獄潭州。平仲疏言：「米貯倉五年半，陳不堪食，若非乘民闕食，隨宜泄

之，將成棄物矣。倘以為非，臣不敢逃罪。」乃徙韶州。又坐前上書之故，責惠州別駕，安置英州。徽宗立，復朝散大夫，召為戶部、金部郎中，出提舉永興路刑獄，帥鄜延、環慶。黨論再起，罷，主管兗州景靈宮，卒。平仲長史學，工文詞，著《續世說》《繹解稗》《詩戲》諸書傳於世。[35]

孔平仲詩特別富有現實內容，如：

三更趨役抵昏休，寒呻暑吟神鬼愁。從來鼓鑄知多少，銅沙疊就城南道。錢成水運入京師，朝輸暮給苦不支。海內如今半為監，農持斗粟卻空歸。（《鑄錢行》）

日坐明堂講太平，時聞深詔下青冥。數重遣使詢新法，四面興師蹙不庭。

萬戶康寧五谷豐，江淮相接至山東。須知錫福由京邑，天子新成太一宮。

只因零落久紛紛，砥礪廉隅自聖君。能使普天無賄賂，此風曠古未嘗聞。

近聞寇盜理戈殳，太府輸金入大爐。百煉剛刀斫西夏，萬鈞強弩射單於。

百姓命懸三尺法，千秋誰恤兩端情。近聞崇尚刑名學，陛下之心乃好生。（《熙寧口號》）

　　《鑄錢行》反映的是宋朝財政管理上，把實物收入變為貨幣收入的政策以及給老百姓帶來的沉重負擔。《熙寧口號》五首，有的歌頌新法的成效，有的指出新法的弊病，中肯地評說了新法之利弊。可以看出，孔平仲這類詩，與一般反映現實的詩不同，孔詩更有針對性，也更為切中時弊，體現了其非凡的政治才能。

　　孔平仲有些詩歌與蘇軾詩極為近似，不僅表達相同的人生態度，而且在詩境上追求曠達高遠，手法上亦以文為詩，多發議論。如《晚集城樓》：

　　　　高樓百尺修木尾，對面南山翠相倚。憑欄談笑青雲裡，秋標摩空日色死。海風蕭蕭東萬里，吹襟洗鬢清如水。下視黃埃濁波起，車馬紛紜只螻蟻。

　　詩作景象開闊，想像奇異，結尾從登高望遠引出人生如寄、名利虛幻的哲理。其他如《睡起》：「物不求餘隨處足，事如能省即心清。山林朝市皆相似，何必崎嶇隱釣耕」，亦表達隨緣自適的人生觀，但總讓人覺得說理稍顯刻板與勉強。

　　文學史一般將孔平仲詩風歸於蘇軾一路，事實上，平仲的大部分詩，其風格以流麗清整、通暢明快見長，於「二蘇」中更類蘇轍。如《霽夜》：

　　　　寂歷簾櫳深夜明，睡回清夢戍牆鈴。狂風送雨已何處？淡月籠雲猶未醒。早有秋聲隨墮葉，獨將涼意伴流螢。明朝准擬南軒望，洗出廬山萬丈青。

詩作以秋月、秋聲、秋風、秋雨、秋葉、秋螢等清麗之物，描繪出秋夜雨霽的清麗靜寂，表現出詩人閒雅、寧靜、愉悅的精神境界。

孔平仲還創作了一些詞，一如其詩風的清麗疏淡，特別增添了詞體委婉曲折之美感，如《千秋歲》：

> 春風湖外，紅杏花初退。孤館靜，愁腸碎。淚餘痕在枕，別久香銷帶。新睡起，小園戲蝶飛成對。惆悵人誰會。隨處聊傾蓋。情暫遣，心何在。錦書消息斷，玉漏花陰改。遲日暮，仙山杳杳空雲海。

江西文庫 A0701B05

贛文化通典（詩詞卷）　第一冊

主　　編	鄭克強
版權策畫	李　鋒
責任編輯	林以邠

發 行 人	陳滿銘
總 經 理	梁錦興
總 編 輯	陳滿銘
副總編輯	張晏瑞
編 輯 所	萬卷樓圖書股份有限公司
排　　版	菩薩蠻數位文化有限公司
印　　刷	維中科技有限公司
封面設計	菩薩蠻數位文化有限公司

出　　版　昌明文化有限公司
桃園市龜山區中原街 32 號
電話　(02)23216565
發　　行　萬卷樓圖書股份有限公司
臺北市羅斯福路二段 41 號 6 樓之 3
電話　(02)23216565
傳真　(02)23218698
電郵　SERVICE@WANJUAN.COM.TW
大陸經銷　廈門外圖臺灣書店有限公司
　　電郵　JKB188@188.COM

ISBN 978-986-496-221-1

2018 年 1 月初版

定價：新臺幣 320 元

如何購買本書：
1. 轉帳購書，請透過以下帳戶
　合作金庫銀行　古亭分行
　戶名：萬卷樓圖書股份有限公司
　帳號：0877717092596
2. 網路購書，請透過萬卷樓網站
　網址 WWW.WANJUAN.COM.TW
大量購書，請直接聯繫我們，將有專人為您
服務。客服：(02)23216565 分機 610

如有缺頁、破損或裝訂錯誤，請寄回更換
版權所有·翻印必究
Copyright©2016 by WanJuanLou Books CO., Ltd.
All Right Reserved　　　　Printed in Taiwan

國家圖書館出版品預行編目資料

贛文化通典. 詩詞卷 / 鄭克強主編. -- 初版.
-- 桃園市：昌明文化出版；臺北市：萬卷
樓發行, 2018.01
　冊；　公分
ISBN 978-986-496-221-1(第一冊　：平裝). --
1.詩詞 2.文學評論 3.江西省
672.408　　　　　　　　　　107002004

本著作物經廈門墨客知識產權代理有限公司代理，由江西人民出版社授權萬卷樓圖書
股份有限公司出版、發行中文繁體字版版權。
本書為臺灣師範大學國文學系產學合作成果。　　　　校對：戴志恩